講談社文庫

トッカイ

不良債権特別回収部

清武英利

講談社

トッカイ——不良債権特別回収部●目次

第三章　悪戦が始まった

第四章　不良債権は逃げている

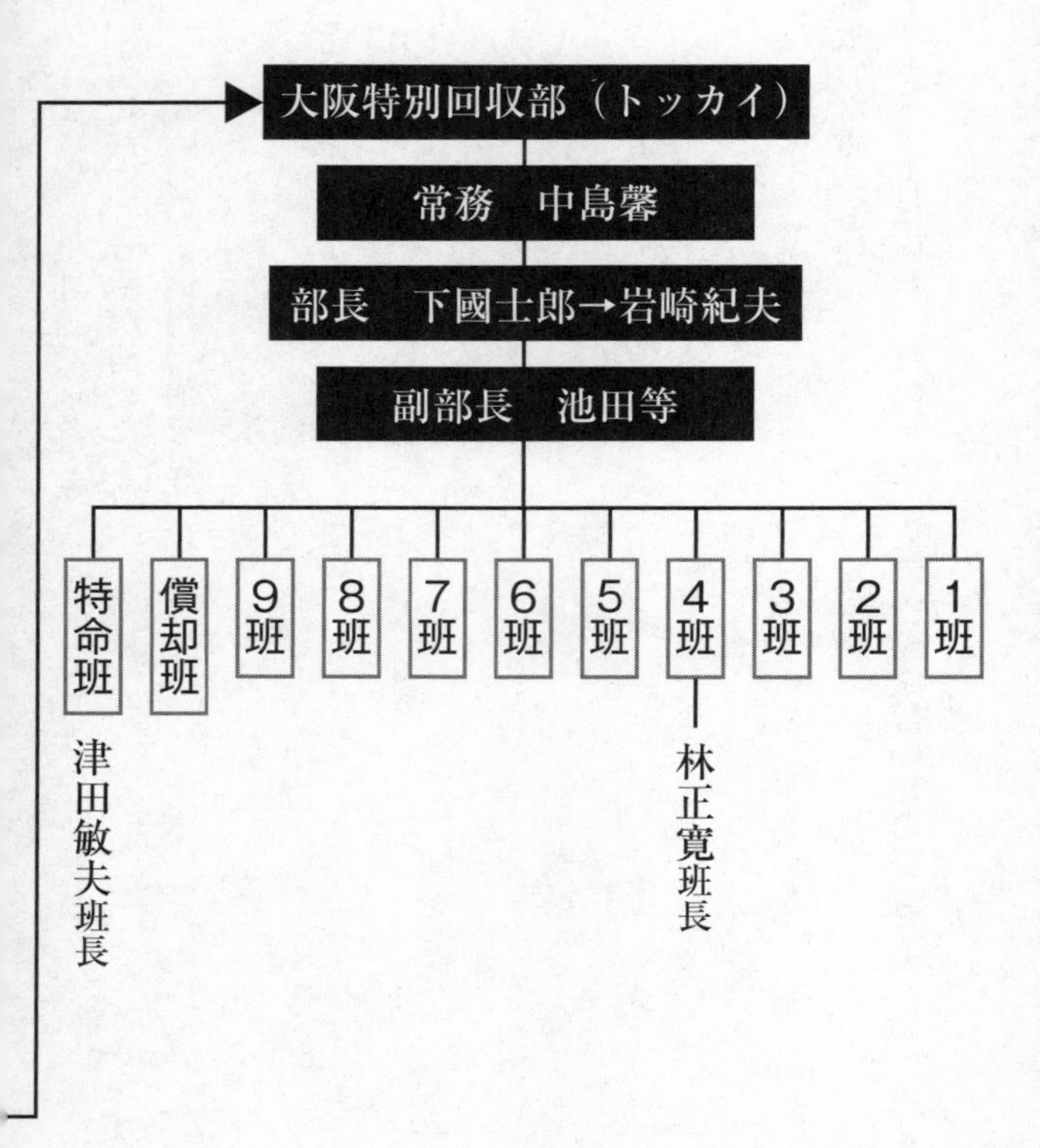
大阪特別回収部（トッカイ）
常務　中島馨
部長　下國士郎→岩崎紀夫
副部長　池田等
特命班
償却班
9班
8班
7班
6班
5班
4班
3班
2班
1班
津田敏夫班長
林正寛班長
※人名は主な所属

整理回収機構　組織図

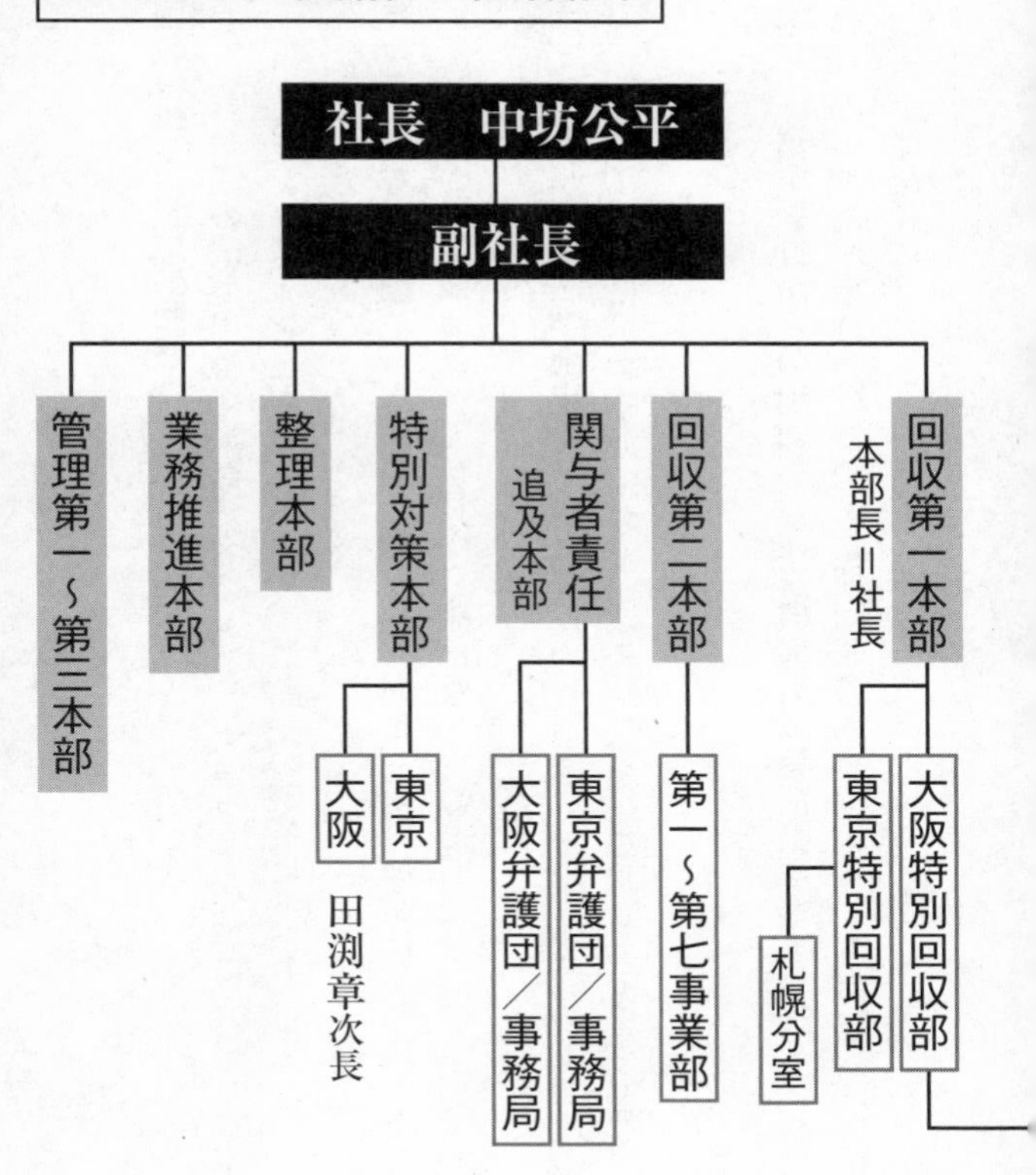
社長　中坊公平
副社長
管理第一～第三本部
業務推進本部
整理本部
特別対策本部
関与者責任追及本部
回収第二本部
回収第一本部
本部長＝社長
大阪
東京
田渕章次長
大阪弁護団／事務局
東京弁護団／事務局
第一～第七事業部
札幌分室
東京特別回収部
大阪特別回収部

本書に登場する主な人物

〈整理回収機構大阪特別回収部（トッカイ）〉

林正寛（はやしまさひろ）　松江の旧家出身で、あだ名は「ハンチョウ」。住専最大手「日本ハウジングローン」が破綻した後、最若手の班長に就いた。

池田等（いけだひとし）　住専の老舗「日本住宅金融」の一期生。末野興産に多額融資をしたことからトッカイへ。班長から副部長を務めた。

下國士郎（しもくにしろう）　九州大学法学部出身。富士銀行から出向し、銀行を辞めて初代のトッカイ部長に。林や池田の上司となる。剣道五段で中坊公平の護衛役も。

津田敏夫　富士銀行からの出向組。住管機構大阪特別整理部で班長を務めた後、いったん銀行へ戻るが、整理回収機構へ出戻る。大阪特別回収部の特命班長に。

岩崎紀夫（のりお）　愛媛大学教育学部卒。「日本ハウジングローン」時代は池田のライバルだった。整理回収機構の鳳分室長や神戸支店長などでトッカイに対抗心を燃やすが、そのトッカイ部長にも就く。

高田泉（いずみ）　住専の一つ「第一住宅金融」から住管機構へ。ソ連「対外経済銀行」や「アルジェリア人民銀行」など異次元の不良債権を処理した後、トッカイ次長に。

大下（おおしも）昌弘　勤めた二つの信用組合がつぶれ、情実融資に関わっていたという負い目を背負って整理回収機構に入社、土日も働いた。トッカイの後身である特別回収グループにも配属される。

〈その他の整理回収機構社員〉

田渕章　木津信組支店の取り付け騒ぎに臨場し、東淀川署刑事課長から転身。整理回収機構で大阪特別対策部（トクタイ）次長に就き、トッカイ社員の守護神を務めた。

〈大口借り手〉

西山正彦

古都税騒ぎで京都仏教会顧問に就き、京都市と対立した仏教会を指導して古都税を撤回させた。住宅ローンサービスなどから合計二百八十六億円の融資を受けた不動産会社社長でもあったが、タックス・ヘイブンとプライベートバンカーを悪用した資産隠しで、トッカイと二十年戦争を闘う。

末野謙一

高校中退後、建設会社を設立し、身を起こす。末野興産で大阪の花街を買い占める。住専各社からピーク時には一兆円もの融資を受け、「ナニワの借金王」と言われた。いまも七千六百億円の返済を求められている。

序章
怪商とあらくれ

1　国宝を売る

その店は西本願寺と東本願寺に挟まれた下京区仏具屋町の一角にあり、京都でも老舗で通っていた。界隈には、「ぶつだん」「念珠店」「安心堂」という大看板が立ち並ぶ。そんな門前町で、仏具屋はお香の匂いを嗅ぎながら暮らしていた。

はじまりは、この仏具屋が近所の寺から相談を受けたことであった。

「うちの寺を売って移りたいんやけど、うまいことやってくれる人は誰かいないやろか」

「寺を売るちゅうてもなあ、知らんけどなあ」

と仏具屋は答えたあとで、そうや！　と旧友を思い出した。

「せやったら、西山正彦ちゅうのがおるわ。あいつも商売やから乗ってくれるかどうかわからんけど、義侠心のある男やから、一遍、彼に聞いたらどうやろ」

そうして、西山を紹介した。中学校以来の旧友である。それが縁で、西山はお寺さんと親しくなったらしいのだが、仏具屋には連絡がなかった。

――どうしたんかいな、あいつは。お寺の移転の話が入って、不動産のことやから成功したら報酬入りよる。こっちはせっかく仲立ちしてやったんやから、仏教会の人たちをちょっと紹介してくれたらええのに。うちの商売にもなるのになあ。

そう思っているところに、西山はひょっこりやってきて話しはじめた。

「国宝いうもんが、いくらぐらいするか、お前、知ってるか？」

仏具屋は眉根を寄せた。中学時代は、この男を「ギンサイ」と呼んでいたが、不動産業者になっても番長の雰囲気を残している。堂々たる体軀(たいく)は、おかっぱ頭にあごひげの異相と相まって、独特の風圧を備えていた。

「そんなの知らんわ」

仏壇、仏具なら目利きの一人だが、国宝や重文には縁もないし、そもそも売り買いするものやない。

何でそんなこと言いよんのか、と怪訝(けげん)な表情を浮かべていると、西山はからかうように言った。

「五百円ぐらいのことやで」

「ほんまかいな」

それからしばらくして、京都・岩倉の大雲寺で騒ぎが起きた。大雲寺は洛北屈指の名刹(めいさつ)で、与謝蕪村(よさぶそん)が晩年に、

〈岩くらの狂女恋せよほととぎす〉

と詠(よ)んだ句があるが、この〈岩くら〉とは大雲寺のことである。その境内の滝は霊(れい)

験あらたかで、心神喪失者や恋に狂った女性をも癒したと伝えられていた。

ただし、名刹といっても、当時の大雲寺はすっかり落魄してしまっていて、そこから梵鐘や十一面観音像、千体仏、襖絵など寺宝、秘仏のすべてが消えたというのだ。蒸発したその数は五十点とも百七十点とも言われた。当の大雲寺は元住職が多額の負債を抱えている。「それでひそかに売りに出されたのだ」ともっぱらの噂である。

消えた寺宝のなかでも、とりわけ梵鐘は、平安時代の逸品として国宝に指定されている。それは、五十五センチの口径に比べて、丈が百十六センチと著しく長い細づくりで、その肩部分から口縁部にかけてほとんど直線の、特異な形状で知られていた。この名鐘が一億円でひそかに売りに出されていた、と新聞は書き立てた。

信仰を集める寺社も、京の聖地では実に様々な事件が起きている。なかでも大雲寺は、応仁の乱にはじまり、戦国時代の兵乱、寺門・山門の抗争、織田信長による焼き討ち、落雷、失火と、不運に翻弄され、伽藍は焼失、再興を繰り返してきた。それでも戦後は特筆するほどの事件もなかったのだが、ここにきて突然の秘宝蒸発に遭遇し、怒った檀家の人々は「これは昭和の法難や」と、京都府教育庁文化財保護課に駆け込んで、調査を促す事態となった。

それで仏具屋は、旧友が言ったのは大雲寺の釣り鐘や秘宝のことやったのか、と知った。ただあのときは、五百円てなんやろ、国宝に値段なんかあるかい、と思っただけのことだ。

旧友は恐ろしいことも口にしていた。

「国宝を売ったら、罰金、くるんけ？」

「知らん、知らん」と仏具屋は答えた。


京都中で、神社仏閣の移転話がまるで流行りのように広がっていた。それは地価の急上昇に伴うもので、街なかの地価が上がれば境内の地価も上がり、つられて踊る寺社が出る。寺とともに奥の坊の秘仏まで売りに出されていた。

移転した寺の売却金を住職が懐に入れ、激怒した檀家が仏教会に駆け込む事件も起きた。寺社もバブルに飲み込まれつつあった一九八五年（昭和六十年）ごろのことである。

東山区の三嶋神社の売買騒ぎは、新聞沙汰にもなった。後白河天皇が造営させたというこの神社は、秋篠宮夫妻が参拝に訪れるほどの格式を誇り、一方では「ウナギの神様」として有名であった。神社の神使がウナギだそうで、境内の池にウナギを放流する放生会（ほうじょうえ）には全国の養鰻業者を集めていた。ところが、宮司が不動産業者の仲介で山科に移ろうとして悶着（もんちゃく）が起き、二億円近い債務を抱え込んだ。おまけに貸し手の信用金庫から訴えられている。

――うちの界隈はお寺ばかりやが、東西の本願寺さんを除けば、本堂言うたかて、六畳か八畳の部屋を本堂にしてるだけの話や。京都も檀家数がだんだん減ってるのに、本山に上納金を払わなければならんから、お坊さんが昼間は学校や役所で働いて、休み休み、お勤めをして、やっと生活成り立っとるお寺さんも多い。坊主丸儲けなどと言う輩もいるが、儲かっているのは一部の観光寺院だけや。みんなわしら衆生の者と同じで、ぎりぎり苦しいんや。

そんなことを、仏具屋が考えているところに、旧友はまた、もっさりとやってきた。そして、

「実相院のお寺を、わしが買うてつぶすさかいに、仏さんを移したいんや」

と言い出した。

「それで、移すときに、魂を抜いたほうがええやろか」

びっくりして、

「それは法要あげたほうがええのちゃう」

こいつは、国宝の梵鐘や秘仏だけでなく、今度は大雲寺の本坊にあたる岩倉実相院を買うなんて言いよる。実相院は天皇家の血を引く人々が住職を務めた門跡寺院（もんぜきじいん）で、梵鐘蒸発事件のあった大雲寺の隣にある。実相院はあの梵鐘蒸発事件にも関係があり、大雲寺の梵鐘はもともと、「鐘楼を修理するから」という理由で本坊の実相院に

移されていたのだ。

そこから梵鐘や秘宝が消え、今度はその本坊までが売買されようとしているのか。よくわからん話だが、仏具屋は、

「仏さんを動かすんやったら、法要を営んで魂を抜かな」

と釘を刺した。

「そうか。ほんなら清水さんとか、有名なお寺を六人ぐらい、俺は知ってるから、その人に言うて（法要を）させれば、ええやん」

昔から突飛なことを言ったりやったりする奴だった。それでも、中学から高校までの間、あいつを悪く言う者は一人もいなかったのだ。仲間たちにとってヒーローだったのである。仏具屋が言う。

「僕らは中学、高校と京都の立命館に通っておって、あいつは勉強はよくできた。模擬テストとかトップクラスだったんですよ。本を読むのも好きやし、知識を仕入れることはものすごく好きやね。頭は回るねえ。先々をよく読むねえ。僕も教えてもらったことがあります。

あいつは、中学の時は西山ギンサイという名前で来てたけど、高校入ってから正彦になって、西山正彦というようになった。僕らと一緒に遊んでて勉強しとるようには

見えんかったけど、それでも成績が良かったんだから、努力してたんちゃいます。ずっと、『京都大学に行く』と言うとった」

そして、あんなことがなかったら京大に行ってたと思うよ、と仏具屋は続けた。

「背丈が百八十センチ近くあると思いますわ。でかくて、昔は柔道やら空手をしたりして、ガキ大将ちゅうんですか、番長というかな。そういうような存在やったんです。在日韓国人だったから、それが嫌だっていう人もいはったけど、僕らにはスターやったんですよ」

ところが、間もなく大学受験というころに、事件は起きる。

立命館は、最後の元老・西園寺公望が設立した私塾がルーツである。当時、立命館大学が京都御所のそばにあったのに対し、一貫教育の中学と高校は京都市北部の旧烏丸車庫近くにレンガ造りの瀟洒（しょうしゃ）な校舎を構えていた。

そこから三百メートル近く離れた「十姉妹（じゅうしまつ）」という喫茶店が、生徒たちのたまり場になっていた。美人の姉妹が経営している。

放課後、そこで西山の友達がからまれた。

「相手はごろつきやろね、三、四人や。ボールペンを貸してくれや、というようなことから、ぐちゃぐちゃになった。みんながびびったのは、ヤクザのような奴がピストル出しよったからや。あとで、おもちゃやろうという話になったけど。こちらは三人ぐらいで、これは大変やと、学校まで助けを呼びに行った」

仏具屋や友人によると、たまたま学校に残っていた西山は、それを聞くと駆け出した。

市電の通っていた北大路通から、交差する烏丸通へと走り、大谷大学グラウンドの隣にあった店へ飛び込んだ。それを合図に友達らはわっと散り散りになり、西山が残った。

「『逃げろ』と西山に言われたんか知らんけど、仲間はなんぼ悪ぶりしてても普通は逃げますわな。それで西山一人で向こうの大将みたいなのとやりおうて、投げ飛ばされてね。そのときにね、西山が十字型のネックレスから小さなナイフが出るようなので、それで刺しよったの。

たいしたケガもなかったけど、警察に捕まった。向こうも柔道が強い選手でそれも凶器ということで、捕まりよんですね。喧嘩両成敗でしょうねえ。罪にはならずに済んだが、警察に入ってる間に京大の試験は済んでしもうてね。西山は立命館大学の願書も出してないし、とうとう大学には行かなんだ。まあ、そういう男なんですわ」※1

こうした伝説を残したあと、西山は姿を消した。級友の多くは大学生となった。

それから約十年後、彼は「ピロン」という乳酸飲料のパンフレットを持って、友人たちの前に現れた。ピロンは牛乳瓶よりずっと小さなガラス瓶に入って宅配されており、その代理店をしてるんや、と西山は言った。

「健康にええからこれやってん。ヤクルトと競争してんのやが、いまのとこ、わしがヤクルト押さえとる」

そう言っていたが、ヤクルトの反撃にあったらしく、数ヵ月でどこかに行ってしまった。それからまた、ふらりと仏具屋に寄ったと思うと、「不動産の勉強してんのや」と漏らした。

「神戸のほうの金持ちの家が売りに出てな。それを一式全部買うたら、蔵にいろんなものが入ってて、えらい儲かったわ」

などと生き生きと話していたから、結局、その自由な商売が性に合っていたのだろう。「三協西山」という不動産会社を作って儲けはじめ、商機をつかんでいった。転機となったのは、バブルであり、彼の異才であり、京の白足袋族（しろたび）との縁である。

白足袋族とは、白足袋を履いて働いている人々、つまり、神社仏閣の僧侶や神主、西陣などの着物の関係者、茶道・華道の家元、祇園などの花街（かがい）のお茶屋や女将、そしてこれらに関わる業界のことである。

京都では、行政から商売に至るまで、何事も白足袋族と仲良くしなければうまくいかない、という言葉がある。隠然たる影響力を持っているからである。この白足袋族の世界の入り口に誘ったのが、前述の仏具屋であった。そして、彼も知らぬ間に、西山は白足袋族を手繰って総本山に食い込んでいた。

それがわかったのは、西山自身の動静が地元の京都新聞に載ったからである。

その記事は、京都仏教会に黒幕が出現したことを伝えていた。京都仏教会は、宗派を超えて京都中の千七百寺を束ねる組織なのだが、それらの指導者たちを裏で指揮する不動産業者がいる、というのである。

最初は匿名での報道であった。一九八五年八月二十九日の京都新聞は、社会面に〈大揺れ　京都仏教会〉の大見出しの下に、こんな記事を掲載した。

〈古都税の急転「和解」に絡んで鵜飼（泉道）事務局長以下全職員が辞任するという異常事態が起きた。（中略）

関係者らによると今年に入ってある時期から、今回の和解劇を指導したという不動産業A氏（三九）が仏教会の組織および古都税問題に深く介入するようになる。以後、同税をめぐる仏教会のあの手この手の戦術もA氏が後ろで指揮したといわれる〉

このA氏が西山のことである。

京都新聞の記事は、仏教会と京都市で続く「古都税問題」の混迷を記したものだ。

発端は、財政赤字に悩む京都市が一九八三年に「社寺等の文化財の有料拝観に対し、一人一回五十円を課税する」と表明したことであった。京都市は八一年度決算で二十六億円の赤字を計上しており、市当局にとって、「古都保存協力税」という名のこの地方税――通称「古都税」は有力な赤字補塡策だったのである。

だが、有名寺院は憤激した。

「拝観者に対する課税は、信教の自由や政教分離を定めた憲法に違反する」

というのが、高僧らの主張である。すぐに法廷闘争をはじめ、京都市仏教会と京都府仏教会が組織統合して「京都仏教会」を発足させると、一九八五年七月、有力寺院が拝観を停止する強硬手段に出た。

その朝、京都の東、音羽山の中腹にそびえ立つ清水寺は、仁王門前に木製の柵をめぐらし、五ヵ所の入り口に、観光客を拒む看板を立てた。

〈古都税反対の意思を明確にするため拝観を停止します〉

同じころ、金閣寺や銀閣寺も門を閉ざし、拝観停止の看板を設置している。反対運動のリーダーは、清水寺の貫主松本大圓（だいえん）である。彼は京都仏教会の理事長であったため、寺に日参する顔なじみや信者まで立ち入り禁止にした。

それでも、京都市は譲らない。文化財保護のためにも必要だというのだ。対する仏教会も、仁和寺や神護寺、龍安寺など有名寺院が離脱したりして一枚岩にはなりえず、経済界や政界を巻き込んだまま膠着状態に陥っていた。

そこへ登場したのが西山だった。まだ、社員六人の不動産会社社長である。

西山が実名で新聞やテレビの前に姿を現したとき、古都税反対運動の参謀として、有名寺院の僧侶を従えていた。「京都仏教会顧問」という肩書である。西山は仏教会の幹部たちに戦術指導をしている、と一斉に報じられ、同級生たちは「あれえ」と目を丸くした。

いつものあごひげのままで、高僧たちと一緒に会見する姿が新聞に載った。法衣の僧侶のなかにただ一人、背広姿で交じって対照を成しているが、堂々たる代表者の一人である。記者会見では、最前列の端で腕組みをして何かをにらんでいた。傲然の仕草のようにも見えた。

西山を引き入れたのは、京都仏教会の若手理事で、蓮華寺副住職の安井攸爾たちだった。安井らは、ある宗派の寺の移転に関わったことがあり、知り合った僧侶から紹介を受けて西山に会いに行った。西山は安井の五つ年下である。

すると、西山は、「あんたらがやっている古都税やけどな、どういう方法を取るつもりなんや」と尋ねた。説明を聞くと、「そんなもんじゃ全然ダメだ」と言い放って、行政がいかなるものか、とくとくと説明をした。安井はこう述懐している。

「僕らは感心してしまった。『俺を入れろ。俺の情報は役に立つと思うから。いくらでも協力するから』と社長が言うので、何回か会って話をするうちに、徐々に古都税問題に協力してもらうことになりました。社長の能力はピカイチやった。世の中にこんな男がいるのかと思ったね」※2

西山は数度の面談で、折伏（しゃくぶく）や説教上手の高僧たちを得心させる、不思議な力を持っていた。それを「怪商」と表現した雑誌もある。※3

前述の仏具屋は言う。

「清水（寺）さんにしたかて、銀閣寺（慈照寺）さんにしたかて、お寺さんは一癖ある人ばっかりやん。それが西山は弁舌上手やさかいに、みんなもう心酔してしもうて、頼みにしたわけや。西山の言うこと全部ＯＫ、ＯＫやったんやからね。西山は何の儲けもないはずですわ。後々は知りまへんで」

そして、西山は京都市長だった今川正彦と丁々発止やり合い、市長の言質を録音テープに残して、とうとう古都税を撤回させてしまった。

「西山のおかげで京都市の言い分は何も通らへんかった。あいつにつぶされてしもたんや」

旧友たちは愉快そうに言った。それに、「戦うのが面白そうだったから関わった」という西山の言い草も喝采を浴びる。西山自身はこう証言した。

「こんな大きな喧嘩はなかなかないし。それに仏教会は圧倒的に不利でしたからね。

仏教会が勝つと思った人は百人に一人もいなかったやろうし、一発逆転ホームランは面白いから。

利得など関係ないですよ。でも、世の中の人間は、清貧に甘んじることが一番いいと言うのに、その一方で人はお金で動くと理解するわけですよ。僕は考えました。仏教会が後ろ指をさされないような勝ち方を。僕は初めから勝つ自信はあったのです。仏教会の会議で、みんなが『不安や、不安や』と言うから、『それでも勝ちますさかい』と答えました」※4

三十年来の付き合いだという左京区の不動産会社社長は、

「あいつは弱いもんはいじめへんわ。敵が大きいほど、ぶつかるのがおもろいのや。自分ひとりで考えて作戦を立ててな」

と言う。京都人は時の権力や権威に、はすかいに生きることを好むのである。

もちろん、彼を「ブローカーに過ぎない」と批判する僧侶たちも、仏教会にはいる。一度は、西山と一緒に戦った元京都仏教会事務局長の鵜飼泉道（極楽寺住職）は、「世の中が土地で浮かれていたバブルの時代ですから、あのような人物は当然いるわけです」と前置きして、京都仏教会のインタビューにこう答えている。

「彼にしてみたら、人生の中でとんでもなく面白い事件にぶつかったのだと思います。清水寺の貫主であったり、京都市長であったり、会うことすらありえない人々と接触する機会を見出した。その中で、彼自身が一種のゲームをはじめたのです。京都市と仏教会の両方を手のひらに乗せれば絵が描けると。(中略)彼を動かしていたのは偽りのステータス感の中で生まれる欲などの、人間の持つ性(さが)なのではないでしょうか」※5

蓮華寺や広隆寺などが二度目の拝観停止に踏み切って一ヵ月後の八六年一月、くすぶっていた大雲寺の梵鐘蒸発騒ぎは、ついに刑事事件に発展した。

京都府警察本部が、三協西山の社員ら二人を文化財保護法違反(重要文化財の隠匿)の疑いで、大雲寺の元住職を国土利用計画法違反の疑いでそれぞれ逮捕し、西山の自宅や事務所を家宅捜索したのだ。西山らが正式な手続きを経ずに梵鐘を買い取ったり、境内地などを不正売買したりした疑いがあるというのである。

梵鐘そのものは、所在不明騒ぎの後、西山が梵鐘を買い取って一時、京都市左京区の天台宗蓮華寺に預けていた。蓮華寺には、古都税騒動で共闘する京都仏教会の若手理事・安井攸爾がいた。彼は〝同志〟である。

その彼を京都府警は西山の共犯と見て、二人をともに文化財保護法違反容疑で調べた。当時の朝日新聞には、〈すでに逮捕状をとっているが、この日は執行しなかった〉とある。府警は西山の身柄を拘束する準備をしていたのだった。

西山の旧友である仏具屋も、このとき、警察の事情聴取を受けている。大雲寺の仏像などをトラックで運んでやったのだ。仏さんを動かすのやったら、法要を営んだほうがええよ、と言った手前もあった。

「うちは慣れてるしな、あんたらがしたら傷むさかい、法要を済ましたのならうちが運んだろうか」

と言って、わざわざ蓮華寺まで運んだ。すると、警察に呼ばれ、週刊誌が押しかけてきた。

えらい迷惑なことやな、と思っていたら、強制捜査から三日すると、事態は一変する。

捜査を指揮する京都地検が「この事件は、在宅による任意調べを基本姿勢にすべきだ」と慎重姿勢に転じ、こぶしを振り上げた警察の捜査は一気にしぼんでしまった。警察は西山らを書類送検したものの、京都地検は不起訴（起訴猶予）処分としてしまった。

「この事件は古都税反対運動に対する妨害である」と強く反発した京都仏教会幹部の意向が響いたのか。それとも、「窮迫していた寺を守るために国宝や秘宝を買い取ったんや」という西山の弁明が通ったのか。あるいは、京都府や京都府警の勇み足だったのか、いま一つ結末ははっきりしなかった。

京都の人々の胸に残ったのは、西山は下手に扱えない男だ、という思いである。

古都税騒動の終結から二年後の一九九〇年には京都ホテルの高層化計画が持ち上がった。ここでも、西山は助言者として復帰し、京都仏教会とともに反対する。

自宅のガレージには、政治結社「大行社」の街頭宣伝車が突っ込んだ。彼らは寺の周辺で、「高層化を認めろ」と街宣車で訴えており、高層化反対運動を力で阻止しようとしたのだ。

すると、西山は大行社幹部を相手取って訴訟を起こし、五十万円の慰謝料を勝ち取った。それを新聞で読んだ友人たちはなおさら驚いた。

「あいつは、ヤクザも右翼も怖がらへんのや」

そのころには、西山は「京都五山」の一人に数えられていた。「京都悪五山」と呼ぶ者もいた。本来の「京都五山」とは京都にある臨済宗の五大寺——つまり、別格の南禅寺を脇に置いて、天龍寺、相国寺、建仁寺、東福寺、万寿寺の名刹を指すのだが、市民が恐れを込めて陰口を叩く場合には、政財界に影響力を持つ「陰の五人衆」という意味なのである。

「京都には、西山や、高山登久太郎（指定暴力団「会津小鉄会」四代目）ら、『山』の一字の付く五人の権力者がいる」というわけだ。※6
彼を支えていたのが、住宅金融専門会社の「住宅ローンサービス」と同社の母体行だった第一勧業銀行（現・みずほ銀行）の融資である。住宅金融専門会社は、言葉を縮めて「ジューセン（住専）」と呼ばれ、銀行や証券会社、農協などが競って共同出資し、農協系も含め八つの会社が生まれていた。

銀行やその系列会社などから資金を借り、それ以上の利子をつけて個人や業者に貸し、その利ザヤで儲けるビジネスである。

西山は、その住専の一つである住宅ローンサービスから約百八十六億円を借り入れて、京都を中心に国内不動産投資を行い、メインバンクだった第一勧業銀行からも約百億円の融資を受けて、ハワイなどの海外不動産を購入していた。

不動産仲間には「ディベロッパー」と映ったが、西山はスペキュレーション（投機）をしているのだ、と胸を張った。

友人の一人が、西山に、

「ちょっと出てこいや。食事でもしよか」

と言われたことがある。指定された場所は、京都市上京区にある都銀の支店であった。訪ねていくと、いきなり応接室に通され、寿司が出てきた。

「ちょっと時間がないさかい、ここで話させてや」

都銀を喫茶店のように使っているのだ。

――すごい。銀行にはこんな使い方があるのか。

友人は呆れて旧友を見上げた。

2　花街を買う

西山が京都で寺社売買を手掛けていたころ、大阪では、日本三廓の一つだった花街を買い占める男が現れていた。

そこは大阪城から四キロほど西に入った西区新町の一角で、夕日が西の底に沈むと、「新町花街」の街灯がぽっと灯った。その街灯を覆うようにそびえるビルに、「末野興産」の大看板が見えた。八階に陣取っているのは末野謙一という社長である。

この男を、お茶屋街の女将たちは毛嫌いしていた。

かつては官許の色里として栄え、戦後も大企業や船場旦那衆の茶屋遊びで賑わってきた。そんな粋で豪奢な街を、雑居ビルのムラに変えた張本人だったからである。末野は身長が百七十八センチ、土建業で鍛えた厚い胸と凄みを備えた、あらくれである。

この男の買い占めに抗して、最後まで残った本茶屋が「しづ家」であった。女将だった鈴木金子は、創業者でもある母親からこう聞かされて育っている。

「この新町はな、寛永年間に江戸幕府から新たな地を賜って廓を開いたところで、日

本で一番の花街やったんや。京の島原や江戸の吉原よりも上だったんやで」※7

彼女たちの誇りは、新町花街が、井原西鶴の『好色一代男』の舞台となり、近松門左衛門が『夕霧阿波の鳴渡』や『梅川忠兵衛』の芝居を書いた天下の遊里だったことである。西鶴や近松が描いた夕霧大夫は、絶世の遊女として文学にまで昇華しているのだ。江戸時代から戦前まで三味線と嬌声が晩から朝まで絶えることなく、その不夜城に桜並木が彩を添えるころには夜店も連なって、さんざめく客の波は道頓堀の繁華街へとつながっていた。

ほかの花街と異なり、ここには、百六十軒の本茶屋と三十一軒の一見茶屋、それに遊女屋街の吉原筋の三つがそろい、通りによって棲み分けができていた。吉原筋は裏新町とも呼ばれ、夜には紅い灯が燃える。子供が迷い込めば激しく怒られ、素人の女たちは目を伏せて通った。

本茶屋は、お茶屋とも言う。芸妓が籍を置く検番に連絡し、予約して呼ぶ貸し座敷業で、馴染み客しか揚がれない格式の高い店であった。太平洋戦争の空襲で街そのものが焼けても、この本茶屋は戻ってきて、界隈は〝芸と枕〟の接待所として復活していた。

戦後、約五十軒を数えた本茶屋の街にとどめを刺したのは、一九七一年のドルショックに続く二度の石油危機、そして商都大阪の変容である。

クラブ全盛時代を迎え、街は北新地やミナミのバーやクラブに上客を奪われていた。一方では芸事を習って芸妓になろうとする娘たちが急速に減っている。一人前の芸妓になるまでには年季がかかるのに対し、ホステスのほうがずっと楽で収入も多いのである。女将の鈴木はこう回想している。

「お客さんの方も芸妓をあげて踊りを楽しんだり、三味線にあわせて清元や小唄をうたう方も少なくなりましたし、二次会で新町へとくり込んだお客さんも行く先が増えてきました」

「後継者もなく、(昭和)四十九年にお茶屋は十三軒になり、母が亡くなるとバタバタとお店がなくなりました。五十四、五年からはビルやマンションが建つようになり、お茶屋は櫛の歯が欠けたように減っていきました」※8

そこへ乗り込み、貸しビル業をはじめたのが、三十代半ばの末野であった。

彼は、後に述べる刑事事件の判決で、裸一貫から自己の才覚と努力により巨大な富を築いたと、裁判長に異例の判決文を書かせた、文字通りのたたき上げである。

末野は敗戦二年前の一九四三年に大阪で生まれた。三男だが、謙一と名づけられている。その理由は本人も知らない。そんなことは金持ちが気にすることや、と思っているのだ。あれこれ尋ねられると、「わしらみたいなその日暮らしが、そんなんを親父に聞いたらどつかれるわ」と答えた。父や二人の兄はサラリーマンだが、彼はその道には進まなかった。不祥事を起こして私立清風高校を一年の、それも一学期で追い出されたからである。中退した後、別の高校に転校したが、その初日、数人の三年生と大喧嘩をして気絶している。校長は怒って、

「君は明日からもう来んでもいい」

と告げた。それで「自分にはもう学校は無理や」とあきらめて、大阪市中央卸売市場の魚介類を扱う商店で働きはじめた。

ただ、清風高校でも転校先でも、納めた学費は何とか返してもらっている。一円でも惜しいのだ。そして、母親が父の服まで質入れしてカネを工面するような家だから、何としても稼がなければならなかった。彼は十八歳になるのを待ち、ダンプカーを月賦で買って身を起こす。「末野組」を屋号に、大阪で地下鉄工事などの土砂運搬を請け負って大儲けし、一九七〇年にはじまる大阪万博で勝負に出た。それまでに貯めた資金で約五十台のダンプを動かし、一時は数十億円を手にしていた。「往復ビンタみたいに儲かったわ」と言った。そして、万博景気も去って仕事がなくなった七九年、手に取った新聞の中に、不動産広告を見つけた。

新町一丁目のビルを売る、とあった。

その実質的な所有者は、神戸ポートピアホテル創業者の中内力(つとむ)である。ダイエー創

業者の中内切（いさお）の実弟でもあり、関西財界の重鎮であった。末野はまだ彼を知らなかったが、売り物の二百五十坪、八階建てのビルと、その立地にひらめくものがあり、すぐに中内のもとへ駆け付けた。

中内はおおらかな経営者で、

「お前、何してんねん」

と、若い末野に声を掛けた。

「いや、何してるって、運送やったり色々やってます」

「ほうか。うちのビルを買うてくれるか」

「買います！　買います！」

「カネはあんのかい」

「ありますよ。明日でも持ってきます」

末野によると、こんなやり取りのあと、大阪の福寿信用組合（現・大同信用組合）から四億円の融資を受ける。リュックサックを持ち込んで札束を詰め、自分のカネを足して持って行った。中内は驚いた。

「わしもなあ、兄弟が三人おって、兄貴は切というて、ダイエーの社長やねん。株を上場するときに、兄貴の株までも全部なあ、買うたろうと思てな。それがばれてしもたんや」

真偽不明の話をし、さらにこう言って聞かせたという。

「お前は、なんぼカネを持ってるかわからんけどな。カネはモノに換えな。これから不動産を持っとったら必ず上がるぞ。この新町は置屋がへたっとるから、まず置屋を買うたらどうか」

中内力はすでに亡くなっている。この話は花街の買い占めを正当化するために、末野が付け加えたのかもしれないが、勉強嫌いで学歴のない彼には、実業に向いた動物的な勘が備わっていて、中内の話に触発されてこんな読みをした。

――大阪にはいま、三つの置屋街がある。新町芸妓がおる西区新町と、曾根崎新地芸妓の北新地が一流や。それから今里芸妓の飛田新地やが、これは三流やな。この中で、新町いうんが一番重要や。東京の神楽坂みたいなところやが、置屋や芸者遊びはもう下火や。それに、ここは少し入り込んでいて、花街だったから地価は安くつく。

末野は新町から西へ五キロほど行った此花（このはな）区四貫島（しかんじま）の長屋で育っている。四貫島は、わずか四貫文で売買されたという話が残る、大阪湾に面した埋め立て地である。彼の言葉では、貧しく、よそ者には柄が悪く映る場末だ。

長屋が建ち並び、どこかで魚を焼いたり、煮物をしたりすれば、その匂いが向こう三軒両隣にまでぷーんと流れていった。すき焼きでもしたら、「あそこは何かええことがあったんや」と住民に知れる。そして、そのおこぼれが隣人のもとにもたらされる――そんなつましい暮らしをしていたのだった。

母親は三男の謙一に夢を託し、そこから脱することを望んでいた。「大学を出て国鉄（日本国有鉄道）に就職してくれたらなあ」と言っていたのだ。当時、国鉄といえば、親方は日の丸、国が経営する安定した就職先で、「そこやったらボーナスも給料も安泰やから、わしらの憧れだったんやな」と彼は言う。

その夢が十六歳の退学で消えた後、末野は同じ此花区に事務所兼飯場を建て、体を張って生きていた。飯場はいまでいえば従業員の食堂付き宿泊施設だが、這い上がる途上で、超過労働で労働基準監督署から検査を受けたり、「暴力飯場組長」として新聞で叩かれたりしている。ただし、検査を受けても彼はすぐに受け入れなかった。事務所に立てこもり、そのあげくに放水で抵抗して騒がせている。

「暴力飯場組長」というのは当時の読売新聞の報道である。それによると、〈交通事故を起こした（飯場のダンプカー）運転手に「傷つけた車を弁償しろ」とおどしたり、タコ部屋同然の飯場の待遇に不満をもらす労務者をなぐるなど制裁を加えていた〉として、大阪府警に暴行や恐喝容疑で逮捕されている。まだ二十三歳だ。その記事の末尾には、給料をもらわずに飯場を逃げ出した運転手が四人もいる、とあった。[※9]

ところが、末野は、逃げたのは四人どころやないでっしゃろ、と言うのだ。

「ああ、俺もあほなことしたんやな、と思うけどな、あれはその時代に生きた人間しかわからんことです」

　そして、次のように語る。

「うちの寮があったんですよ。四階に四十人ぐらい運転手さんとか寝泊まりしておりますね。僕は二階にいてる。下に事務所があって、番頭さんが詰めている。ほんだら、四階から荷物を縛った紐が窓の外にぺや～と降りてきよる。とんずらする運転手が四階の窓から紐を垂らして荷物をぱっと降ろすんですわ。

　僕は（おっ、なんか逃げよるな）と気付く。それでブザーを鳴らす。夜の当番の番頭に、『おい、誰か逃げよる。逃げるのは誰や』と声かけます。

『あいつや』

『帳面見てみい、帳面、帳面！』

『いやぁ、あいつはまだ、前金が相当残ってます』

『あ、そう。そんなら橋の向こう行って、挟み撃ちして逃げんようにせい！』

　そいつに給料を支払わなあかんのやったら、逃げたらええ。取りにけえへんのやからな。けれども、借金がようさんあったらな、逃がすわけにはいきまへんわな。会社に前借りあるんやから、損しますやん。こういう奴ばっかり逃げまんの。逃げられたのは前借りの連中ばかりです。

そいつらは、階段降りてきて逃げるのばれても、手ぶらやったら『便所や』とでも何とでも言い逃れできると思っている。でも僕はその紐が降りてきたらわかるんです。

そのころの運転手は悪い奴がたくさんいた。入れ墨入れたり、刑務所から帰ってきたり、そんな者を扱うとってね、ねえねえなあ言うとったら商売成り立たへん。僕らの時代っちゅうのはね、いま見たら異様ですよ。でもこの時代にはね、体を張らんことには生きていかれんかった」

そんな修羅場をくぐった末野から見ると、斜陽の新町も、大阪のど真ん中にあって、明るく輝く都会に見えたのである。

「だから、ありったけのカネで置屋を片っ端から買いあさったんや。中内さんの知恵ですな。一言でいうなら『土地を買うとけ』『買いまひょか』というわけや。そのとき、銀行に借金することを覚えたんですよ。よく覚えてますな。

二百五十坪で買うた最初のを合わせると八百坪で二十四億円。それがバブルになって化けた。坪三百万円が三千万円や。約十倍、二百四十億円になった。つまり、僕はバブルが始まる前からもう不動産やっとったんや」

末野はそうして買収した土地にビルを建てて貸した。土地を転がさなかったのは、日銭への信奉があるからだ。

　彼はやがてラブホテルやパチンコ屋もはじめるが、どれも現金商売である。手形は不渡りもあるので嫌いだった。現金商売はいざというときに頼みになるし、何倍も利用できる。日銭で一千万円の売り上げがあると、カネの回し方次第で二千万円の商いができる、と彼は信じているのだ。

　置屋の買収をはじめたころ、末野の本社ビルに富士銀行の行員がしばしば札束を運んできた。同じ新町の一角に四ツ橋支店があり、末野のカネを預かっていた。

「現金で持ってきてくれへんか」

　と末野から電話がかかってくる。すると、二人の行員が一千万の札束を詰めたバッグを抱えて八階の社長室に上がった。

「お届けにあがりました」

　という担当行員の後ろに、入行八年目の行員が立っていた。

「融資係　下國士郎」という名刺を出したその行員は、大金運搬の護衛役として付いてきている。下國は九州大学法学部卒で、「質実剛健」を座右の銘に掲げる剣道五段、曲がったことが大嫌いという硬派である。

「何か急なご入用でもありましたか？」

担当者が尋ねると、末野は天井を指さして、

「女の子のボーナスや。上におる」

にやりと笑った。末野が中内から買い取ったビルは八階建てだったのだが、その上に階段で通じる秘密の部屋があるという。

「あそこには、この社長室からしか行けない造りなんや」

と漏らしたのは、末野本人だったか、担当行員だったか。いずれにしても、表向きは八階で、こっそり九階建てにしつらえているのであれば、それは違法建築である。その九階に女性を囲っているということなのか、と下國はぼんやりと考えていた。

末野の花街買い占めを支えたのは、銀行や関西の信用金庫、信用組合であり、それらの金融機関の紹介を受けた複数の住専である。こちらも西山と同じ融資の構図であった。

住専は、預金業務はできないので「ノンバンク」に分類されているが、そのトップの多くは、監督官庁の大蔵省や設立母体の銀行幹部で、「大蔵省直轄会社」として特別扱いされている。その象徴的存在が、住専最大手で東証一部上場の「日本住宅金融」社長の庭山慶一郎（にわやまけいいちろう）であった。彼は大蔵省銀行局検査部長や日銀政策委員を歴任した天下り官僚で、現役官僚も一目置く住専業界の〝ドン〟である。

住専はもともと個人向けの住宅ローンを取り扱うため、大蔵省が主導して銀行や証券会社に設立させた会社だったが、企業が資金調達を直接金融にシフトし、金融自由化も進むと、母体の銀行自身が一九八〇年代以降、住宅ローン市場に本格参入した。

銀行のほうが金利が安いので、利用者は住専から銀行ローンへと次々と乗り換える。親の銀行が子の仕事を奪ったのである。すると、住専は新たな融資先を求めざるをえなくなり、事業貸し付けの分野に向かって、好況の不動産業界にたどり着いた。それがリスクの高い地上げ融資であり、土地転がし向けの融資――業界の言葉で言えば、転売用不動産の仕入れ資金融資ということになるが――であった。

そうした事情を抱える住専にとって、末野は頼もしい融資対象者だったのである。末野興産が、日銭が稼げる賃貸マンションを巧みに経営していたからだった。人柄、前歴はともかく、手堅い部類の貸付先に見えた。

末野は、賃料は毎月、絶対に取り立て、延滞を許さない。社員には、ほうきとチリ取りを持たせてグループのビルを歩かせていた。その廊下に店屋物の丼や皿が出ていると、入居者に、

「うちは廊下まで貸してへん。廊下を使うなら、その分の賃料を払ってもらわんとな」

と怒り、賃貸ビルを徹底的にきれいにさせた。そして、周囲にはこう言った。

「俺がやるのは、ビルを安く建てるということや。そして考えるのは、いかに大きく造るかやね」

それを聞かされるたびに、住専の担当者は、「ははあ、あの奥の手やな」と思っていた。

「大きく造るというのは、つまり、違反するってことですけどね」

と住専の元幹部が言う。

賃貸ビルの収入は立地の良い場所に、いかに最大の貸床面積を確保するか、ということにかかっている。末野の手法の一つは、その貸床面積を違法建築で最大化することにあるのだった。

「つまり建蔽(けんぺい)率や容積率のために、本来は六階までしか建たないところに、七階建てや八階建てを造るんですわ。そのころの大阪は『建て得(どく)』やったからね。大阪市役所がそれを問題視したのは、末野が九一年に違法建築で逮捕された後ですよ。※10違法建築は途中でわかるんです。六階建てと八階建てでは、支える鉄骨の太さだって違う。市の検査でもはっきりわかったはずですよ。役所の者がなんでこのビルにこんな太い鉄骨を使うのか、といぶかしんでも、『これはあかん』とは言えんだろうし、末野がそれで儲けるもんだから、みんな真似をはじめてた。しまいには、同業者が『末野さんは最近何してはるの。あの人はうまくやりはるからね』と気にするようになった。ワルやけど、あの人は先駆者やった」

やがて、新町の一角にあった「ふくこ美容室」では、客の会話がバブル景気一色に染まっていった。やってきた客は毎日のように、「地価がまた上がった」と言う。末野興産だけでなく、北新地やミナミの繁華街に近い土地には、新たな買い手が現れている。

「うちは一坪千五百万円で売れましたわ」

「あそこは二千万やわ。それは、お茶屋も料理屋もなくなるわなあ」

「うちは五億で売れましたわ」

ヘアカットやパーマをかけていると、ため息の出る話ばかり聞かされる。※11末野が買い占めをはじめてから六年が過ぎると、新町は「末野ムラ」と呼ばれるようになった。花街の茶屋は「勇」と「しづ家」の二軒だけになっている。勇は大銀行や商社の役員たちも揚がった由緒のある本茶屋である。

末野によると、住友銀行会長の磯田一郎らがそこへ黒塗りの高級車を横付けしていたという。その勇も一九八六年十二月に店を閉め、ついに一軒だけが取り残されてしまう。

——頑張ったところで、もうどうにもならんわ。

その翌年十月、しづ家もついに店を閉め、新町からすべての茶屋が消えてしまった。その後に目立つのは、「末野興産」の看板を立てた雑居ビルばかりである。

しづ家が売りに出されることになったとき、ふくこ美容室の西平のぶ子は女将の鈴木に、

「どこに売るんですか」

と聞いた。すると、怒気を含んだ言葉が返ってきた。

「末野興産だけには絶対売らへん。私の生まれ育った新町をこんなんにした。この前も一番高い値段を言ってきたけど、違うとこにしたわ」

普通なら一円でも高いところに売りたいはずなのだ。これも最後の女将の意地なんや、と西平は思った。

第一章
取り立て前夜

1 特別回収隊を作るんや

日本住宅金融の池田等は、住専業界の有名人であった。

大阪や神戸には、住専の中堅幹部が毎月集まって情報交換をする「住専会」という親睦会があり、神戸支店長だった池田はそれを仕切る一人と言われていた。

ひょろりとした長身である。贅肉を削いだ細い顔に度の強そうな丸い眼鏡をかけ、たいてい穏やかな微笑を浮かべていた。いつもワイシャツに三つ揃えのスーツ。酒は一滴も飲めない口だが、それでいて、「ヤクザに強い」と言われ、「いつの間にか他社の事業融資をかっさらっていく」という評判である。

ライバルの日本ハウジングローンの元社員が証言する。

「『ニチジュウキン（日住金）の池田』は有名銘柄でしたわ。貸付先が競合したり、今までうちの得意先だったりするところに、池田さんは食い込んできました。『どうしたんや』と言うと、池田さんの仕事やったりしてね。目の前の仕事に食らいつくし、温厚そうな人だったから、きっと役員になると思ってましたわ」

その池田が大阪に呼び戻されたのは、一九九二年のことである。

上司は、四十四歳になる池田に向かって、

「社内に特別回収隊を作ることになったんや。お前が担当してくれ」

と言って、「融資部大阪駐在副部長」の内示を言い渡した。

融資部といっても、主たる業務は回収である。回収部という表現はどぎついので、融資部としたのだ。それは湯水のように不動産融資を続けてきた住専が、ようやく本気で回収に転じたことを意味した。

しかし、これがいかに甘い見通しに基づいていたか——。住専だけでなく、金融界のトップは、まだ何とかなると思っていた。当時の金融界の空気を物語る記事が、その年の二月十日、日本経済新聞一面に掲載されている。

それは、〈末野興産、ノンバンクが支援　大手4社協調、不動産買い取り〉という四段見出しの記事で、末野興産に対し、大口の債権者である日本住宅金融と日本ハウジングローン、住総、それにリース大手の日本リースの四社が協調して支援することで合意した、というのである。

記事はさらに、〈四社が末野の保有不動産を買い取り、末野はその売却益によって各ノンバンクに対する債務を返済する計画で、六千億円を超える末野興産グループの債務を一千億円（全体の約一五％）前後圧縮し、利払い遅延の解消を目指す〉とあった。

こんな記事のように、末野が不動産の売却に応じ、スイスイと一千億円も圧縮できるのであれば、特別回収隊も楽な仕事だったろう。しかし、池田は末野ら不動産業者のしたたかさをよく知っていた。

日住金は末野興産グループに、ピーク時で二千億円も貸し付けていたが、そのうち百五十億円は若いころの池田によるものだった。彼は、末野の取引先である大阪厚生信用金庫の斡旋を受けて、そこへ飛び込んでいた。だから、特別回収隊を担当した瞬間から、特に末野の取り立てを背負うのは簡単なことではないとわかっていた。

池田は名古屋の工員の次男で、国立滋賀大学経済学部を卒業し、二年回り道をして設立間もない日本住宅金融に入社している。それは、三和、三井など九つの母体銀行に、長信銀三行、五つの生保、八つの損保を加えた二十五社で——つまりオール金融界で設立されたパイオニア的存在だった。彼はその新卒一期生、つまり日住金一期生であることを、ひそかな誇りにしていたが、内心ではずっと、趣味に生きる、穏やかな人生を望んでいたのだった。

日本画や彫刻が趣味で、電車の中で読書にふけるのも好きだった。冬の風を切ってスキーを滑らせていると喜びが溢れるのを感じた。日住金に入ったのも、自由な時間を持てる会社だと思ったからである。住宅ローンという新しい世界に惹かれたこともあるが、入社前に面談した支店長たちから「安心していいよ。それほど忙しくはないから」と告げられ、信じてしまった。それが間違いだった。

――いまよりもっと忙しくなるのか。

池田の行く融資部の大阪駐在部長は、母体銀行の日本興業銀行からの出向者で、現場の取り立てにはほとんど出ない。事実上、池田が現場の指揮を執ることになった。重い荷物を負わされた、と思った。


妻の裕子によると、池田は深夜に帰宅すると、五分ほどで夕食を済ませてしまうので、毎晩のやり取りは、「よく嚙んでね」「ああ」という程度で終わる。それからすぐに風呂に入り、二畳の小さな書斎にこもる。持ち帰った仕事をするのだ。

近所の主婦から、「おたくのご主人、あんな狭いところで、お仕事されてるのやねえ」と言われ、あれはどこから見えたのか、裕子はすこし嫌な気がしている。

裕子は初任地の名古屋支店で、隣の席に座っていた新入社員であった。愛知県岡崎市に「山五」の屋号で通る溜まり醬油屋があり、その箱入り娘である。物怖じしない、さっくりとした気性で、顔立ちも良かった。日住金に入社して四ヵ月後、職場の若い社員が集って海水浴に出かけた。遠出を発案した池田は何を思ったか、砂浜の彼女に「うちに来ないか」といきなり言った。

「遊びにですか？」

裕子はくだけた口をきいた。

「お嫁にだよ」

変わった人だ、と彼女は思っただけだった。胸のときめきはなく、甘ったるい、なにか予感のような気分はどこにも見つからなかった。池田はそのころ二十四歳だったが、老成した二人の子持ちぐらいに映っていたのである。律儀に見えながら、上司の調査役によく食ってかかっていたので、裕子は「あの人、ちょっと変な人じゃないですか」と同僚に聞いてみた。

「いや、真面目な人だよ。独身だし」

思わず、「えー」と声を漏らしてしまった。池田は書類の書き方から言葉の使い方まで、隣席から細かいことを言う。それで彼女は支店長に、「池田さんがあんまりうるさいので、違うところに私を換えて下さい」と談判したこともあったのである。

池田は二度、彼女に求婚して断られる。三度目に「一生ちゃんと食べさせるから」と約束して、ようやく来てもらった。ところが、もともと口が重いのに、いまではめったに会話をする時間もなくなっている。裕子が腹を立てても取り合わないので、夫婦喧嘩にはならないのだが、これからあの狭い部屋でさらに机に向かう時間が増えるのだ。

池田はときどき、「君は極楽とんぼだね」と言って裕子の憤激を買ってきた。ここにきて、彼女が何事も引きずらない性格であることは、池田にとって歓迎すべきことであった。

池田の人生を変えたのは、その二年前の一九九〇年三月二十七日、大蔵省から全国の金融機関に出された二つの通達である。

一つは不動産業者向け融資の総量規制、もう一つが不動産業、建設業、ノンバンク三業種への融資の実行状況を報告させる三業種規制であった。それは土地取引に流れる融資を抑え、異常な投機熱を冷やすことを狙ったのだが、不動産向け融資の蛇口が急に閉められたため、土地取引は激減し、翌年から地価も株価も暴落した。

その一方で、住専は総量規制の対象から外され、三業種規制でも農林系金融機関の住専への貸し出しは対象外とされた。このため、事実上、野放し状態で農林系金融機関の住専への貸し出しが急増し、これを新たな原資にした住専の不動産関連融資は取り返しのつかないほど急激に膨張していた。

ただし、こうしたお上の失政は、池田たちのあずかり知らぬことである。一方、大口借り手の末野は、この項のはじめに紹介した、二月の〈末野興産、ノンバンクが支援〉という日経記事をしっかり読んでいて、日住金社長の庭山慶一郎と日本ハウジングローン会長の河原昇が音頭を取って、俺を助けようとしてくれとる、と考えていた。河原は名門の日本興業銀行出身で、八一年から十一年間にわたってハウジングローンの社長に君臨し、元大蔵官僚の庭山とともに金融界の実力者だった。

その「協調支援」がうまくいかないのは、日経に記事が載るや否や、全国の不動産会社が「うちも助けてくれ」と言い出したからや、と良いように解釈していたのである。だから、あわてて取り立てに走る池田ら「特別回収隊」の訪問を、末野は歯牙にもかけなかった。

「末野さん、計画的にお返しください」

と行くと、平然と言い張った。

「カネはあらへんのや」

「ないわけないでしょう」

末野は大阪府吹田市の千里ニュータウンに、自ら「バブル御殿」と呼ぶ三階建て六百坪の豪邸を三十億円かけて建てている。そこから運転手付きのベンツやロールス・ロイスで出勤し、いつも手放さない黒かばんの中には、数千万円の現金を入れていた。十八歳でダンプの運転をしていたのに、いまではロールス・ロイスだけで十四台も持っている。

「わしはフェレの服しか着ないんや」と言って、ジャンフランコ・フェレの白のシャツと濃紺のスーツに身を包んでいた。フェレはイタリア・ミラノのブランドである。ハワイで遊ぶのが好きで、二十人もの取り巻きを連れ、大阪とホノルルを行き来した。目立ちたがりだから、純白のスラックスにシャツを着こみ、袖をまくり上げて、いつもファーストクラスでふんぞり返っている。日本人が経営する「王様」や「菩提樹」「青山」といったバーやクラブに繰り込み、大相撲の旭富士や霧島、旭道山、梅宮辰夫、やしきたかじんらとともにゴルフコースを回った。

使いきれないほどカネがある。

それをもたらしたのは六十社に上る銀行や住専、ノンバンクである。とりわけ、住専のそれは「狂乱」としか言いようのないカネの注ぎ方であった。

末野グループの借入残高は一時、一兆円を超え、北海道から九州まで全国に二百六十棟の賃貸ビルを持っていた。ほとんどが「天祥ビル」か「末野興産」の看板を掲げている。日住金の事業融資は当初、日銭が稼げて手堅い賃貸マンションの融資が中心だったのである。ところが、一九八五年のプラザ合意に続く低金利政策で、「バブル景気」と呼ばれる空前の好景気が巻き起こる。すると、地価急騰を見て取った住専各社と銀行は、次々と転売用不動産の仕入れ資金を業者に融資し、その果てにバブルが崩壊した。

――これは住専との共同事業やな。

末野は彼らの狂騒を嗤（わら）っていた。仲間にはこう吹聴している。

「銀行や住専も競争なんやな。バブルは貸す競争やぞ。それをわしらは借りて大きくなっているだけなんや」

それに、わしは住専から融資を押し付けられたこともあったんや、という思いも彼の頭にはある。わずか数年前のことだ。末野の弁によると、それはたとえば、「大相撲を見に来ないか」という住専幹部の招待から始まった。

末野は、元大関旭國が興した大島部屋の有力なタニマチである。大阪場所の折には、千里のバブル御殿に関取衆を呼び、庭で相撲を取らせるほどの好角家だから、招待を受けると喜んで上京した。両国の国技館で住専の幹部らと相撲を観戦し、そこから向島の料亭に流れる。住専の社長や役員の前で裸踊りをして遊んでいると、彼らからこんな質問が飛ぶ。

「末野君のところだが、いま、借りてる住専はどこがトップかね？」

末野への融資残高の筆頭は日本住宅金融か、ライバルの日本ハウジングローンか、それともほかの住専なのか、というわけだ。末野はその意味がよくわかっている。

「いま、社長さんのとこは八百億ぐらいです。トップのとこは千二百億ありますわ」

「そんな君、うちは四百億も負けてるじゃないか。きょうは百億持って帰ってくれ」

「え、百億持って帰ったって、買うもんがありませんわ」

大阪には百億円もする空きビルなどないのである。すると、そばにいた住専の幹部が笑いながら、いくつかのビルを買ってその総額が百億円になればいいのだ、と知恵を付けた。

「第一勧業銀行がうちのメイン（バンク）だから、振り込まれた百億円はそこで定期預金にして、質権つけておいてください。物件が出る（買う）までの金利はそちらで払うということで、よろしく」

「わかりました」

酔って別れた翌週の月曜日には、その言葉の通りに百億円が振り込まれていた。

「百億がポンと入るんや。それはびっくりするよ」

と末野は語る。日本ハウジングローンの河原に至っては、タニマチの末野に連れられて相撲部屋を見物したこともある。社長時代のことだが、同行した人によると、河原はタニマチの後ろ楯といった様子で写真に納まり、「エリートの社長は末野のようなあらくれ者が好きなんだな。俺は清濁併せ呑める人間と言いたいのだろう」と思ったという。

そのころは末野が購入した不動産はたちまち数倍に跳ね上がった。しかし、末野が金融機関に対して年間に支払わなければならない金額は、融資の元本返済分と金利分だけで四百億円から四百五十億円に上っていたのである。さらに建築中のビルの工事請負代金が約五百億円も必要だった。

末野の賃貸収入で融資額の元金や利息の返済ができるのか、冷静に判断していた住専があったとは思われない。住専は監督官庁の大蔵省から多くの天下りを迎える「大蔵省直轄会社」だったが、そのトップたちはたぶん、高騰した末野の持ちビルを売却すれば自社の融資回収は可能だと安易に考えていた。

——一蓮托生(いちれんたくしょう)の商いやったやないか。

末野は腹の中でそんな思いを抱いているので、久しぶりに応接室に現れた池田を見て、悪びれることなくウソをついた。

「いやあ、そんなもん、みんな使ってしもうた。返済にも回してるしな」

そして横にいる紳士然とした小柄な男を指し、怒ったふりをする。副社長の足立武である。

「こいつが悪いんや。勝手にやったんや」

そして、「お前がちゃんと管理せえへんから、こうなるんや」と吐き捨てた。副社長をこきおろすのは常套(じょうとう)手段なのだ。

それでも池田が粘ると、「次は何か用意しておくわ」とその場しのぎの言葉で逃れたり、「わかった、わかった。足立に連絡させるから」とぞんざいに追い返したりした。

足立は末野グループの番頭格である。髪を黒々と染めて若く見せ、資金繰りの話になると、ぶっきらぼうな末野に代わって、足立がほとんどしゃべる。足立は一九五四年に早稲田大学を卒業しており、博学で経理に明るく、真面目な人柄に見えた。彼もまた小型車にビル清掃用のほうきを積んでいる。

——こんな男が、なんで末野と一緒に仕事してるのかな。

池田はいつも不思議に思っていた。足立がついているから金融機関も安心できるのである。末野は堂々と「うちはどんぶり勘定や」と平気で言うのだ。

「決算なんて、『こうしときまひょか』『利益こんなで抑えときまひょか』とか、そんなもん。うちだけじゃなしに、上場してない会社は全部がそうや」

だから、池田は、末野担当の後輩が、「末野のカネが消えた」と騒ぐのを聞いても、あの男ならそれくらいやる、と思っていた。末野は前期まで決算書に記載されていた多額の現預金をどこかに隠し、後輩にはつじつま合わせの決算書を見せたのだった。

末野は二千億円以上の現預金を持っていたはずだ。なのに、あからさまに架空の決算書を作り、平然と「ない」と言い切る。そんな末野に池田は凄みを感じていた。

——借りたカネをもらったもんや、と思っている。こんな男の〝のたりっぷり〟に勝てる奴はそうおらんだろう。

「わかりました。払わないでいいから、担保のビルをいただきます」

池田はそんな交渉に切り替えたが、都合が悪くなると、末野は会おうとしなかった。それで諦めたわけではない。彼は資産を差し押さえて売却しよう、と弁護士や上司に提案している。

しかし、「一千億円は取り返したいのです」という言葉に、弁護士は「大金が必要ですね」と告げた。そして、仮差し押さえのためには巨額の保証金を裁判所に積まないといけないですよ、と説明を加えた。保証金の額は裁判所が決めるのだが、その相場は回収しようとする金銭債権額の一割とも二割とも言われている。

「それが出せるならやってもいいです」

何とかやらせてくれませんか、と上司に頭を下げたが、罵倒されてしまった。

「お前はバカなのか。そんなカネがあるわけないやないか」

2 コップ酒は教える

日本住宅金融のライバル社である「日本ハウジングローン」大阪支店は、淀屋橋の香港上海銀行ビル一階にあった。石造りの重厚な三階建てで、御堂筋沿いの高層ビル群の中でも、どっしりと異彩を放っている。ハウジングローンは、日本興業銀行と日本債券信用銀行、大和證券、日興證券、山一證券の五社が一九七六年に設立した。住専では五番目の会社だったが、たちまち業界最大手に躍り出て、大阪支社も大阪のビジネス街のど真ん中にあることから、社員たちの誇りをくすぐっていた。

その社員たちに、「もう融資はするな」という指示が下りたのは、日住金の特別回収隊が動き出した九二年ごろのことである。それは、仕事をするな、という意味に受け取られた。その年の三月に広島支店に異動していた林正寛(まさひろ)は、これは一時のことやろう、と思っていた。

――金融会社が融資できんなんてことが続くわけがない。融資総量規制のために、広島までカネは回ってこんのかもしれんな。

ところが、八ヵ月後に、法人融資を担当する大阪営業部に転属してみると、ここにもカネはなかった。融資ができないので、言われるまでもなく仕事にならないのだった。だからといって、本格的に回収に乗り出したわけでもなく、担保物件を競売にかけたり、訴訟を起こしたりする強硬手段は取らなかった。あとで調べたら、日本ハウジングローンは貸した債権の二割も回収できていなかった。

あまりに中途半端な経営だったが、実は大蔵省や財界、金融界もまた、株価や地価の反騰を期待して模様眺めを続けていた。人為の無策とも思える混乱ぶりを、当時の総理大臣・宮澤喜一が回顧録で告白している。

〈一九九二年〉八月の末に、軽井沢で自民党のセミナーがありました。そこで私は挨拶をしたんですが、その時に「いまの銀行の不良融資——当時はこう言っておりました——の状況の中で、場合によっては、何か政府が公的な関与をする必要があるのではないか」という演説をした覚えがございます。これは役所が原稿を書いたわけでもなく、私が自分で思って言ったことだったのですが、大きく報道はされたものの、ほとんど支持を得ることはできませんでした。このことは、後年国会でこの話が出ると、よく引き合いに出される話なんですが、「おまえはなんでそれだけ気がついていたのに、ちゃんとそれを実行できなかったんだ」と何度も言われました。

しかし当時、だいいち、銀行を政府が助けるなんていうことは、産業界にとっては最も不愉快なことですし、金融界自身も、銀行によっては「うちはそんなに悪くない。悪いところもあるけれど、それはそういうところの話であって、政府が銀行に金を出して干渉するなんていうことはとんでもないことだ」という意見が強かった。経団連も、あの時は平岩〔外四〕さんでしたか、「経団連としてはむろん賛成でない」と言う。役人は、「もう少しすれば不動産の価格が回復するだろうから、いまはそんなことをする必要はない」というようなことであったり、あるいは、してきた仕事の連続の経緯があったりして、とてもそういう話に乗ってこないということで、結局、言っただけのことになってしまったんです。それは一九九二年の夏のことでございます。

あの時に何かやりようがあったかということを、これもあとになって聞かれるんですが、しかし考えてみると、それだけの状況が整っていないんです。私が気がついて問題を指摘はしているものの、そうだ、そうだと言って、みんなでやろうというようなことにはならないというのが実情でございました〉※1

大蔵省や母体行が楽観視し、あるいは手をこまねいて見ていたのだから、監督下にある住専はどこも右にならえ、といった具合で、会社の新たな方向性を示すことができない。現場の林たちがやることといえば、融資の期限を延長したり、「条件変更」と呼ぶ後ろ向きの仕事だったりした。その中には、「債権飛ばし」と批判を受けた手法も含まれている。

これは焦げ付き融資を新規融資に見せかけるやり方の一つで、付け替えとも呼ばれた。融資の担保に入っている賃貸マンションを売ろうにも売れないので、それをハウジングローンの別会社に買い取らせ、その買い取り資金をハウジングローンに返済させるのである。別会社の買い取り資金はハウジングローンから出ているから、焦げ付き融資を瀕死（ひんし）の融資先から別会社に飛ばしただけのことだ。ただ、帳簿上は焦げ付き融資が消え、新規融資に付け替わることになる。

「東京本社は利息の追い貸しもやっている」という情報が大阪営業部には伝わってきた。決算書をよく見せるだけの背信的な経営であった。

この会社は存続できるのだろうか。そもそも住専という業界自体が残ることができるか——時折こみ上げる不安を「そんなことはないやろ」と自ら打ち消しながら、林は毎日、夕方六時ごろに借り上げ社宅に帰った。

「なんで今日もこんなに早いの?」と妻のゆかりは驚いたが、彼は仕事のことを口にせずに一人娘を抱き上げ、風呂に入れた。

しかし、懸念は抱きながらも、自分から会社を辞めようと思ったことは一度もなかったのである。林は、細い眼鏡に尖ったあごの、いわゆるしょうゆ顔、長身痩躯（そうく）で、神経質そうな外見とは裏腹に、実はきわめて楽天的な質（たち）である。飲み屋では愛想を備えた酒豪に化ける。彼はもともと一人だけ落ちこぼれてスタートし、そこから這い上がって来たのだった。失うものが少ない人間なのだ。

林が入社したのは、一九八六年春、バブル景気前夜である。出来のいい実姉がハウジングローンの広島支店で働いていて、その紹介で大阪の支店長に売り込みに行った。

「私は広島の林の弟です。ぜひ採用して下さい」

正規の就職ルートからは外れていたが、単刀直入で飾らないところが気に入られたようで、途中から選考の列に加えられた。住宅ローンで稼ぐ住専が次々と設立されてまだ十年ほどで、学生の認知度は低かった。

――住宅はみんなに必要なもんやし、その点、住宅ローンの貸し付けは寝てても金利が入るんや。これは面白そうなビジネスやな。

そう思って、感想を率直に伝えたのが良かったのかもしれない。

ところが、同期の男性社員八人が東京と横浜の支店に配属されるなかで、新人でただ一人、大阪管理回収センター行きを命じられた。回収センターは発足からまだ二年、社内で最も行きたくない部署であった。毎日が督促（とくそく）という仕事が愉快なわけがない。

「あそこは、会社にとってダメな人間や事情のある社員が回されるところだ」

と言われ、そこに男の新入社員が配属されるのははじめてだったから、周囲は林を珍しいものでも眺めるような眼で見た。同じフロアの部屋の隣には大阪支店があり、社員たちがゆったりと働いていた。そこで、林もようやく気付いた。

――どうやら俺の評価は、同期一番のダメダメ社員らしいな。その辺から拾ってきた駄馬なんや。

入社してわかったことだが、同期や先輩には、日本興業銀行や日本債券信用銀行、大手証券など、住専の母体行や出資企業のコネで入社した者が多かった。だが、人生は何が幸いするかわからない。回収センターでの経験が後になって生きてくる。そこで林は我慢と融資金回収のノウハウを学んだ。といっても、回収の初歩に過ぎないが、「エルダー」と呼ばれるアルバイトの古株に、督促電話のマナーから言葉遣い、心構えまでじんわりと教え込まれた。

指導担当者もいたのだが、会社に来なくなって辞めてしまった。「調子を崩したんやから仕方ないよ」と説明され、しどろもどろになりながらも一人、督促電話をかけた。

「振り込みが滞っております。早急にお願いできますか」

「前の担当は電話なんかしてきいひんかったぞ」

「いや、私もね、こんな電話はしたくないんです。しかしですね……」

「お前のやってることは前と違うねん。電話はもうええ」

「そんなん困ります」

ひどく嚙みつく人もおり、弱っているときに、前田というエルダーから、「あのな、林さん」と声を掛けられた。彼は三十以上も年上で、一人で残業をしている林を見て同情してしまったらしい。

会社での前田はせいぜい、「いまの電話はな、こう言うたほうがええよ」という程度である。記憶に残ったのは、もっぱら蕎麦屋や居酒屋での言葉だ。前田は仕事帰りに酒を美味しく飲むため、昼食はざるそば一枚しか食べないという飲兵衛で、鼻の頭がほんのり赤く染まっていた。林はよく昼と夜を付き合った。

「昼飯をようけ食ったら、酒がまずくなるんや、林さん。すきっ腹で飲むと、血行にもええ」

そして居酒屋に行くと、コップ酒をきゅっと飲み干した。軽く息を吐き、決まって「ああ、五臓六腑(ごぞうろっぷ)に沁み渡るわ」と声を漏らした。口を滑らかにして、それから出てくる言葉は、仕事の話でも戦争体験でも、向こう気の強い林の心に燗(かん)酒のようにじんわりと沁みた。

回収センターでは怖い思いも味わっている。「ヤクザ対応」と呼んでいた。住宅ローンを貸した先がダミーで、実は暴力団だったり、貸付先をなぜかヤクザが占有していたりして、督促すると、「ちょっと待ってやってくれや」と、電話口で脅しにかかる。こんなことでは競売にかけることになりますよ、と注意すると、絡みつくように言うのだ。

「競売すんなら、うちが物件買い取るから、なんぼやったらええねん」

激高する者も珍しくない。「いまからお前んところに火つけたるからな」。逆上した怒鳴り声で耳が痛くなった。

「どうぞ、どうぞ」

怖さを押し殺して言えたのも、前田のおっちゃんや、やはりエルダーの、ごっつい警察OBがそばにいてくれたからだ。

前田とは家族ぐるみの付き合いを続けたが、はじめから図太かったわけではない。——世の中は理不尽だらけで、都合のいいことはほとんどない。それでも、汗はかいてみるもんや。こんな教訓も身に付いた。

そこで一年間もがいていると、「よく頑張っているやないか」という声が社内から出た。林は見かけによらず端正な字を書いたし、稟議書(りんぎしょ)や報告書を書くのも得手だった。入社二年目で大阪支店に配属され、以来、東京の新宿、広島支店、そして大阪営業部へと転々とした。最初の一年でたいていのことに耐えられるようになったので、どこも楽しかった。

彼の試練は大阪営業部に異動して四年後に訪れる。上司が今度は、「もう会社がつぶれるから、仕事するな」と言った。

3　出世はしないよ、君は

林が大阪営業部に戻ってちょうど二年後の九四年、富士銀行の下國士郎は、融資部の大阪駐在調査役に就いた。新設した関西の不良債権回収部隊の総務担当である。

富士銀行は、急増する問題融資先を「業悪（＝業態悪化）先」と呼び、そんな顧客を多く抱える関西の支店に、「駐在融資部長」を送り込んで、融資審査と管理を強化しようとしていた。同行が九四年末までに融資部本体と支店に投入したのは総勢二百六十五人。富士銀行も融資回収にようやく本腰を入れはじめたのである。※2

一方で、富士銀行は第一勧業銀行、三菱銀行、住友銀行、さくら銀行、東海銀行、あさひ銀行とともにそれぞれ五パーセントずつ出資して住専のひとつ「住宅ローンサービス」を設立しており、それら住専の急速な経営悪化は悩みの種となっていた。

下國は入行二十三年目になっている。大阪の八尾、池田、四ツ橋、阿倍野橋、横浜市の日吉、北九州市の八幡、そしてまた大阪の茨木、萩之茶屋、津守と、九つの支店を転々とした末に配置されたところは、大阪支店の九階にあって、日の当たらない職場だった。実は三年目に支店で組合委員を務めてから、ずっと冷や飯を食っているのである。

わけがある。いつの間にか、上司や組合に盾突く奴だと思われていたのだ。富士銀行では若手が支店の組合委員に祭り上げられるのだが、入行三年目に委員になった彼は、支店や地域ブロックの意見はきちんとまとめて、組合上層部に物申さなければならない、と思っていた。

「うまくやれ」と周囲から言われていたのだ。だが、たとえ御用組合であっても、おとなしく、上意下達を受け入れていればいいというものではない。支店が抱える問題を、口をとがらせて組合役員に訴え続けていると、組合幹部はうんざりして言った。

「理屈家だねぇ、君は」

そのころ、支店の先輩と計らって二人、定時に帰ることにしていた。周りが付き合いで残業していても、

「私、仕事が終わったから帰ります」

と言い残して、喫茶店や居酒屋に行く。そこで気の合う得意先の人々と飲んだりもしたが、それは上司に告げなかった。点数稼ぎと思われたくないのだ。そんなふうに、陰では人よりも工夫して先の仕事までこなしているのに、上司や先輩に気兼ねして居残るのはごめんだ。まして自分は組合委員ではないか。

下國は融資先の会社を訪れるときも、経理課長や経理部長のところではなく、その会社の出荷場のようなところを歩いていた。その出荷場こそが偽りのない現場で、そ

こに赤伝票で返品されてくる物がある。出荷したはずの物が返品されてくるのには意味があった。

「これはどうしたの」と担当者に聞いてみて、社長の言っていることと違っていれば要注意だ。逆に、社長が何らかの考えを持っていれば、どこかに改善が現れている。現場は社内事情を映す鏡だ。そこへ行って自分の足と目と耳で経営の良しあしを確かめる。

――融資担当が、銀行の机にへばりついて残業して何がわかるんだ。

嫌われることはわかっていたのだが、思っていたことを声にも出した。口をつぐんでいられない直情の気性なのである。すると、人事部に呼ばれて注意された。

「君は午後五時に一人で帰ってるらしいね。勇敢じゃないか」

外回りの同僚が持ち込んだ融資案件を、「これは融資すべきじゃないよ。俺はハンコは押さない」と突っぱねたこともある。

「この会社は危ないです。融資してはだめです」

上司にもそう上申したが、持ち込んだ同僚が上司に可愛がられていた人物だったためか、下國の上申は逆に、彼が疎まれる一因となった。

課長や支店長が「そんなことない。やるべきや」と決裁して融資したその会社は、二年後につぶれてしまった。ざまあみろ、と内心では思ったが、その責任を取らされたのは後任者ではないか。理不尽じゃないか、とさらに歯ぎしりした。

好き勝手にモノを言ってきたという自覚もないではないが、言うべきことはきちんと伝えないといけないと信じている。言葉も関西弁には染まらなかった。そんな調子なので、社内の、特に上からの評判は芳しくない。別の支店に転勤して、支店長や副支店長から料理屋で教えられた。いずれも大学の先輩である。

「君の人事評価はひどいよ。何をしてきたんだ」

前の支店での評価が悪すぎる、というのだ。

ああ、そうですか、としか言葉が出なかった。

「出世はしないよ、君は」

そう言われても、親父の言うことさえ聞かないで生きて来たのだから、しかたがない。父は旧文部省の役人で、シベリアに抑留されたこともある頑固者である。高校のときは、その父に黙って剣道をやっていた。中学までは父も認めていたのだが、高校に進学したときに、「大学受験があるんだから、もうやめろ」と言われたのだった。だが、こっそり部活を続け、遠征には行かずにいたのだが、県予選の試合結果が新聞に載って、ばれてしまった。親子で激しい言い合いになった。

「お前、まだ剣道をやっていたのか」

「自分でやるって言ったんだからいいじゃねえか」

「浪人するのは許さんぞ」

「だけど親父、剣道は俺がやると言って、親父が認めたのやろ。そのときに、親父は『お前、途中でやめねえな』って念を押したじゃないか。だから俺はやめてねえの」

こうして親にも言い返す男が、会社ではこうやって生きるものだという世間知に染まるわけもない。退職届を書いて同僚になだめられたり、腹を立てたりして、くすぶるには若すぎ、いじけるにはエネルギーがありすぎて、揺れながら抗った先に、彼を必要とする時代が待っていた。


それは灼けるように暑い日だった。

大蔵省、日銀、大阪府が不良債権を抱えた兵庫銀行の清算と、木津信用組合の業務停止命令を同時に発表した。東京協和信用組合など東京都の三つの信用組合の崩壊に続き、噂されていた関西の金融機関の破綻が一気に表面化したのだった。下國が大阪駐在融資部に赴任して十ヵ月後の九五年八月三十日のことである。

木津信組は、信組で日本一の預金量を誇り、傘下の二十七店舗にはこの日だけで計一万人の預金者が殺到した。本店営業部にはロビーや通路だけでなく、事務室内、金庫室前まで人であふれ、解約処理もできないありさまだった。

「かなわんなあ」「どうなっとるんや」「はよう金返さんかい」。嘆息、悲憤、罵声が交錯(こうさく)し、「落ち着いてください!」と声を嗄(か)らす職員とのやり取りが終日続いた。預金を渡そうにもカネが足りないのだ。

頼みにした日本銀行大阪支店には現金の在庫が一千億円しかなかった。やむなく、名古屋支店の二千億円を現金輸送車に積み込ませ、高速道路を走らせて届けさせた。不測の事件、事故がないように、高速道路を封鎖したうえ、パトカーを先導させる物々しさで、翌日午前、現金は木津信組本店に到着した。本店ではさっそく事務室に、一億円ずつビニールパック詰めにした現金を山のように積み上げ、すぐに各営業店に配布した。現金が着くと、罵声が飛んでいた店中に歓喜の声が上がった。※3

破綻当日、木津信組東淀川支店に、大阪市の東部を管轄する東淀川警察署から数人の警察官が臨場していた。その中に刑事課長の田渕章がいた。署の向かいが東淀川支店だったのである。

午後一時半に「木津信組に業務停止命令」という報道が流れると、東淀川支店に預金客が集まりはじめ、午後三時過ぎには支店前に二、三百メートルの車の列ができた。警備要請はなかったが、放置しておくわけにはいかない。殺気立った客で溢れている。客の波を縫って騒然とした支店に田渕が入ると、怒号に押された職員たちが顔を引きつらせている。

——これが取り付けというものか……。

田渕は大阪府警の機動捜査隊時代に、タクシー強盗を追跡していて拳銃で狙い撃たれたことがある（もっとも弾は外れたので、その後があるわけだが）。もっと若いころには、千葉県の成田空港建設の警備に駆り出され、現場で昏倒したこともあった。機動隊の一員だったが、三里塚の空港建設反対派から農薬のようなものを撒かれ、それを吸って呼吸困難に陥った。

生きるか死ぬか、夢中で積んできた経験から、たいていの事には顔色を変えない神経を備えたが、血相変えた東淀川支店の預金者には、悪意がない分だけ、気圧される空恐ろしさを感じた。

田渕は知命目前の四十八歳である。岡山県立津山工業高校でラグビーに青春を捧げ、花園の全国高校ラグビー大会にも出場した。卒業を控えて、元警察官の父たちから勧められ、単純な刑事への憧れと正義感から一九六六年に大阪府警察官となった。それから二十九年が過ぎ、富田林署と堺東署で刑事課長をこなし、ここが三ヵ所目の刑事課長であった。

この刑事人生の先は、ある程度見通しが立っていた。

あと七、八年、つつがなく勤め上げれば、どこかの警察署長か何かをちょっとやって終わるんやろう、と彼は思っていた。生きていく前に見えてしまっている警察人生だ。だが、この日、取り付け騒ぎに臨場したころから、田渕の何かが変わっていった。

木津信組の破綻の引き金を引いたのは、末野興産の末野謙一である。彼はグループ会社の名義で、この年一月まで、木津信組に約五百六十六億円の定期預金を託していた。ほかの金融機関よりも利息が高率だったからである。

ところが、経営不振が噂されると、二月に百二十六億円を、三月には五十四億円を引き出し、業務停止命令が出る前日、残っていた三百八十六億円を一気に解約していた。

「末野が逃げにかかった」という噂が大阪中に広がった。※4

なぜ、末野は破綻前日に巨額の預金を引き出したのか。そして、木津信組だけでなく、大阪の金融機関を崖から突き落としたのか？　その疑問について、彼はこう言っている。

「木津信用組合の鍵弥実(かぎやみのる)前理事長はよく知ってましたよ。でもね、親しくても、理事長が『うちはもう潰れる』なんか教えてくれまっか。あのとき、横山ノックいうのが大阪府知事で、わしは友達でした。そしたら（ノックから）電話がかかってきた。『末野さん、木津信に（カネを）置いてると言ってましたな』と。いろんなやり取りがあって、『鍵弥理事長に木津信を辞めてもろて下さい』というので、『わかった。辞めさせます』という具合になったんや」

当時の大阪府知事で、業務停止命令の発令権者であった横山から、事前に電話があった、というのである。横山ノックはすでに鬼籍に入っており、末野の話をそのまま信じるわけにはいかないが、末野が事前に経営破綻のインサイダー情報を得ていたことは間違いない。

木津信組の後も、銀行や信組の破綻は熱病のように広がった。なにわ銀行、福徳銀行、京都共栄銀行、北海道拓殖銀行、徳陽シティ銀行、みどり銀行……。二〇〇三年末の足利銀行に至るまで、破綻したり合併したりした金融機関の数は実に百八十一を数え、社会全体が不安と閉塞感で覆われていった。

田渕はとりわけ、暴力団を中心とした反社勢力の債権回収妨害に関心を抱いていた。木津信破綻の二年前の一九九三年八月、多額の不良債権を抱えた阪和銀行の副頭取が和歌山市内で射殺されていた。午前七時五十分ごろ、迎えに来た社用車に乗り込んだところを拳銃で撃たれたのだ。翌年九月には、住友銀行名古屋支店長が、自宅マンションの前で頭を撃ち抜かれて死亡している。

住友銀行をはじめ、多くの銀行がバブル期の不動産融資を回収しようとして、融資先とトラブルになっており、二人の死は金融機関に衝撃を与えた。

阪和銀行副頭取射殺事件では三発、住友銀行名古屋支店長射殺事件では一発の銃弾いずれも債権回収をめぐって犠牲が放たれ、貸付金回収担当者の腰が一気に引けた。いずれも債権回収をめぐって犠牲になったのではないかという疑惑と恐怖を残し、未解決のままであった。闇勢力にとっては、銃弾一発が数千万円、あるいは億単位の借金を消す価値を持っているのだ。

そんな馬鹿なことがあってたまるか、と田渕が思っているところへ、大阪府警で同期の人事調査官が、声をかけてきた。

「整理回収銀行が人材を求めている。お前、どうだ」

整理回収銀行は、破綻した金融機関の不良債権の買い取りや回収のために設立された公的機関である。この物語の舞台となる住宅金融債権管理機構が住専の債権回収を開始したように、こちらは同じ九六年から銀行や信金、信組の債権回収をはじめようとしていた。

木津信組破綻から二年後、田渕は五十歳になっていた。警察で何百枚という逮捕状を請求してきて、それはもういいわ、という気持ちがどこかにあった。同じレールの上を歩くより、外れた道を走るほうがおもろい。

――こんな混乱のなかで、金融機関を食い物にしてるやつがぎょうさんおる。そこに飛び込んで何かしてやろう。

そう思うと、警察を辞める寂しさはまったく感じなかった。なんか、新鮮やなあ、と思ったくらいだ。妻の邦子や一人娘に打ち明け、郷里の両親にも説明した。

妻は意外にあっさり、

「そのほうがええと思うわ」

と言った。警察に留まれば、これからも危険な現場に真っ先に飛び込んでいかなければならない。深夜の出動をいきなり求められることも珍しくない。そんなところから夫は少し外れる、という意識だったらしい。

だが、回収支援の仕事が、妻の期待した「より安全な職場」であったかどうかは、疑問の残るところだった。やがて田渕は、住宅金融債権管理機構に加わる硬派の下國や接待下手の池田、酒豪の林と合流して、彼らの債権回収作業を体を張って守る職務に就く。

彼らは、いずれも少しとんがった存在で、組織からはみ出た人々である。こうした傍流の面々が金融破綻の修羅場と不良債権回収戦争に投げ込まれ、借金王や怪商、それに闇勢力の面々と対峙(たいじ)していった。

第二章

奪り駒たち

1　こんなことになってしまった

「あっ、来た！」

七階の窓から表の様子をうかがっていた一人が小さな声で叫ぶと、社員たちは窓際に駆け寄って、ブラインドを指で押し下げた。会社の前に車が停まり、新聞記者やカメラマンがワッと群がっている。押し合いへし合い、記者たちの渦の中から、無表情の約二十人の男たちが飛び出した。大阪地検特捜部と大阪国税局の係官たちだった。

住専の社員とその家族にとって、屈辱的な一日がはじまろうとしている。

窓際から声が漏れた。

「あかん、記者も会社に入ってくるで！」

日本ハウジングローン大阪支店は、官庁街を受け持つ大阪府警東警察署の裏手に移っている。以前は御堂筋沿いの香港上海銀行ビルにあったのだが、経営が傾きつつあったころに、そこから二キロ近く南に行った堺筋本町の福助・第一生命ビルに移転していた。

そのビルに、大阪地検特捜部と大阪国税局査察部が踏み込んできたのは、一九九六年四月十日午前八時五十五分である。同じころ、そのほかの四つの住専――日本住宅金融、住総、地銀生保住宅ローン、総合住金——の各大阪支店も家宅捜索を受けていた。

検察、警察、国税庁を中核に、日本の捜査機関を総動員した未曾有の国策捜査がはじまったのだった。

ハウジングローンの大阪支店では、林正寛やその上司である杉原健一たちが午前八時前から、まだかまだかと捜査陣を待ち構えていた。家宅捜索を受けるという情報は前日から流れており、来るなら早く来てくれや、とじりじりしながら時計をにらんでいた。

この日の新聞朝刊の一面には、

〈きょう、住専5社を捜索　都銀もあす査察——末野興産の所得税法違反容疑に関連〉(毎日新聞)

といった見出しが躍っている。当局の最初の標的は、「ナニワの借金王」と呼ばれていた末野謙一である。大阪地検特捜部と大阪国税局は前日に末野興産本社を急襲していた。そのうえで今度は住専側の書類を押収し、末野の犯罪を裏付けるとともに、貸し手側の違法行為をつかもうとしていた。

捜索が始まるとすぐに、杉原たちは応接室に押し込まれ、軟禁状態に置かれる。彼は末野興産の管理担当を務めており、応接室から出ることを許されず、トイレに行くときも監視役が付いた。

そして、応接室で検事と国税局の査察官から、会社の業務内容と経歴、会社内での立場、仕事内容、末野興産との取引状況について、十三時間にわたって聴取を受けた。昼食時には一時的に解放されると期待していたのだが、検事は一言で片づけた。

「(あなた方の) 弁当買って (用意して) ありますから」※1

捜索が終了したのは午後九時五十分である。夕食は出なかった。数十箱の段ボールが積まれているのを横目に、拘束を解かれた杉原が自分の席に戻ってみると、末野興産関連の資料を入れたキャビネットや机の中は、ほとんど空になっていた。文房具と書籍などわずかな私物が残っているだけで、入社時から取っておいた手帳や仕事の名刺、それにロッカーに保管した個人的な名刺まで押収されていた。

検事たちの狙いが、末野への融資の裏付けだけでないことは明らかだった。各住専が末野に注いだ貸し付けの総額は二千三百六十八億円、あとで精査してみると、二千五百四十九億円にまで達していた。なかでも、日住金の融資量は八百九十億円と際立っている。ほかの住専は、

住総が五百五十八億円

総合住金が四百五億円

日本ハウジングローンが三百五十五億円

地銀生保住宅ローンが百五十九億円

融資量だけでは判断できないが、巨額融資の背景に何らかの癒着があるのではないか、と検事が見立てるのは当然のことと思われた。

翌日から社員は次々に呼び出される。特捜部への出頭要請である。

杉原は「五月六日に出頭するように」と連絡を受けた。その出頭日は四連休の、ゴールデンウィークの最終日だったが、連休中は子供と遊びに行っても胸を黒雲が覆っていた。何も楽しくなかった。

――これからどうなるのか。

ひどく憂鬱な連休だった。

このころ杉原は、末野と面談すらできない状態が一年以上も続いていた。末野の得意技は、居留守とおとぼけ、そして開き直りである。

「末野さんにぜひお会いしたいんです」

と杉原が求めると、副社長の足立武が言う。

「社長は風邪で出社できまへん」

そう言いながら、足立は末野に資産隠しを進言していた。

「社長、住専がうるさく言ってきていますので、いまのうちに末野グループのビルや不動産の名義を移しておく（ダミーの）会社をどんどん作っておいたほうがええですよ。木津信用組合の三百八十六億円の定期がうちの預金だということが債権者にわかれば、そのカネで返してくれと要求してきますわ。不動産の名義移しを急ぎましょう」※2

資産をダミー会社に分散し、仮装譲渡をしようというわけである。こんな悪だくみのあと、ダミー会社の資本金を金融機関に払い込んではすぐに引き出す操作を繰り返していた。「見せ金」という手法だ。

足立は、「社長はどうしたのか」と杉原に尋ねられると、今度は、

「社長はどこに行ったかわからへん。会社には来てません」

平然と言い放つ。そんな足立と杉原のやり取りを、ハウジングローンの本社役員は素直に信じようとしなかった。

「だいたい会えないなんて、そんな馬鹿なことがあるか、お前は何をしているんだ」

そんな叱責を受ける。ナニワの借金王がいかにしたたかであるか、それを本社に理解してもらうには、交渉経緯をできるだけリアルに記録し、報告するしかない。杉原はそう思い立って、大阪弁の口語体で詳細な記録を残していた。

普通なら報告にもならないような内容だったが、皮肉にもそれが幸いした。特捜部の検事はこの記録を読んで、不正や癒着がないことを信じたようだった。それでも特捜部の取り調べは六月二十七日まで、二ヵ月間に計十一回も続いた。

この大捜索のあと、東京では「桃源社」「高峰リゾート開発」「麻布建物」、大阪でも強引な「いてまえ経営」で知られる「朝日住建」、住専最大の借り主「富士住建」など大手の不動産会社が次々と強制捜査を受ける。だが、滞納額が巨額で、ヤクザとも親交のある末野は、住専からカネを借りて返さぬ悪質債務者の〝スター〟であった。

この二ヵ月前、末野は住専問題を論じた国会――いわゆる「住専国会」のさなかに、衆院予算委員会に参考人として招致され、弁護士の田中森一らと出席していた。ちなみに、田中は大阪地検や東京地検で辣腕の特捜検事として名を馳せたヤメ検である。上司の捜査指揮に反発して退官した後、許永中のような地下経済の大物や暴力団幹部を弁護したり、後ろ楯になったりしていた。※3

末野はその田中の助言を受け、国会で虚実を交えてのらくらと答えた後、黒山のような雑誌記者や新聞記者に追われて大阪に戻っている。

ところが、ダミーの車を走らせて記者たちを撒いてしまうと、通っていた北新地のクラブ「ピアジュ」に繰り込み、ホステスたちに囲まれた。

「テレビ見ていたわ、カッコよかったです」

「おしゃれな姿が目立ったわ」

ホステスは口々に持ち上げると、末野は「そうやろ」とソファにもたれかかった。国会議員たちは参考人招致の場でとっちめたつもりでも、本人はけろりとした顔で高級クラブで嬌声に包まれ大笑いしている。見栄っ張りなのである。

しかも、出たがりでもあるから、国会などで叩かれたあとも、写真誌や雑誌の突撃取材から逃げない。

「わしは貸しビル業やってるんで、土地転がしてカネを儲けるような商売はしてまへん。そういう転がし屋の人たちに銀行がゼニをどんどん貸すから、バブルが起きたようなもんです」

新聞記者の夜回りにも応じ、そのたびに猛禽（もうきん）のような鋭い目で睨（ね）めつけながら、開き直ってみせるのだった。

「わし悪いことしてないもん。わしのは、バブルの前から働いて一代で儲けたやつが原資になってるんですよ。それに貸す人間がおったから借りた。これは商売ですな。大阪の人はみんな私のことをほめてくれますよ。借りたことも大なり小なりみんなやってることやろう、って」

そして、「どこが悪いんでっか。一回教えてほしいわ」と迫る、その言い草がなおさらふてぶてしく映るのである。ヤクザとの交遊をとがめられると、「ヤクザと友達なんと違う。幼なじみがヤクザになっただけなんや」と怒ってみせた。幼なじみとばったり会って、すげなくできるかというのである。

そんな末野たちへの巨額融資は、金融業界ではよく知られたことだったのである。ところが、前年の八月に、大蔵省の立ち入り調査で、住専の不良債権が八兆四千億円に上ることが明るみに出ると、住専への逆風はさらに強まった。

末野のような不動産会社に融資を続けた末に、「協同住宅ローン」を除いた住専七社が倒産状態にあることがはっきりしたためである。「協同住宅ローン」は、農林中央金庫とＪＡバンクが出資し、破綻ぎりぎりで自民党農林族に守られていた。いずれにせよ、住専八社のうち七社までが瀕死の状態である。ひた隠しにしていた事実はもう覆いようがなかったのだ。

本来ならば、こうした住専の破綻と不良債権の処理※4は、住専業界と金融機関の問題に過ぎない。

無策のまま流されてきた住専の経営陣や母体の銀行、甘い審査で住専に五兆五千億円の融資を注ぎ込んでいた農林系金融機関、それを放置してきた監督官庁の大蔵省や農林水産省の官僚たちが、責任を負うべきことである。

だが、政府は住専の焦げ付き債権を処理するため、九六年二月の国会に、六千八百五十億円の公的資金を投入する住専処理法案を提出していた。住専破綻処理の第一段階である。

「金融システムの破綻を避ける」という大義名分が掲げられたが、住専には関わりのない国民の税金がはじめて使われ——つまり、末野のような業者が焦げ付かせた債権処理を国民が負わされ——首相だった橋本龍太郎がその説明をしなかったために、その不透明さと有効性をめぐって国民や経済界から猛烈な批判を浴びた。その二年前まで大蔵省の銀行局長だった寺村信行でさえ、「銀行が債務超過になっていない段階での公的資金投入は、国民の納得がえられないという政治的リスクがあるのでかえって混乱に陥る」として強く反対していた。

また、総理を務めた後に大蔵大臣に担ぎ出された宮澤喜一は、前掲の回顧録の中で、住専処理法案は、世間では何のことだかわからなくて大変不評でした、と述べている。

〈橋本さんにしてみると、この住専の六八五〇億円なんていうものは自分がやった話じゃないという気持ちがあるから、あまりまともに説明をなさらない。なんだかよくわからないままに、この六八五〇億円というものが通っちゃったという経緯がありました。このことが、不良債権というものの処理を一層わからなくしたという結果につながった記憶があります。

実際、これは早くしておかなければ、農協の地方の単協が取り付けに遭う。あれは地方の名士がみんな役員になっていますから、そういう意味で、地方への影響は相当あったろうと思うので、私はこの六八五〇億円というものはやむを得なかったものと、いまでも思っています。しかしこの金については、いまでもいろいろ甲論乙駁があって、役人が役人同士の約束を守るために手形を出したんだとかいうようなことをいろいろ言われている〉※5

後の大蔵大臣まで問題が多い、と考えた住専処理策だったから、住専国会以降は特に新聞、テレビに批判が出ない日はなかった。大蔵省や住専各社の周辺道路には、右翼の街宣車が走り回り、社員や家族までが身を小さくして生きてきた。

日住金福岡支店の女性社員は取引銀行の窓口で、「会社名でなく個人名で呼んでください」と頼み込み、日本ハウジングローンでは、結婚式を延期する社員もいた。家族も住専社員であることを隠して暮らしていたのだった。※6

税金投入の予算を作った大蔵事務次官の篠沢恭助が辞任したが、そんなことで金融不安と国民の怒りはおさまらない。住専処理の第二段階として、悪質な借り手や住専の経営者を逮捕し、第三段階として、住専が不動産業者らに貸し付けたカネを誰かが回収しなければならなかった。

つまり、杉原や林ら住専社員が受けた家宅捜索は、この二段階目の始まりに過ぎなかったのである。捜索から八日後の四月十八日未明、末野や副社長の足立武ら腹心四人は、大阪地検特捜部に公正証書原本不実記載と同行使の疑いで逮捕された。末野は足立の進言を受けて、資産隠し目的のペーパーカンパニーを作り、収益性の高い優良物件の所有権を次々に移している。これを特捜部に「法人登記の虚偽記載をした」と断じられたのだ。

だが、末野は戦う気満々である。

——見せ金なんて、みんなやっていることやないか。こんなんで捕まるのはわしがはじめてやろう。スケープゴートでもなんでも、ブタ箱に放り込めということや。

末野は知り合いの特捜部出身の弁護士たちに弁護を依頼し、やがて十六人の弁護士を雇って抗戦準備を整えた。それを報じる新聞は「借金王の逮捕は遅すぎたぐらいだ」と指摘し、「今度は貸し手責任の追及が焦点だ」と住専問題への怒りをあおった。

——とうとう、こんなことになってしまった。

林は茫然（ぼうぜん）とした。仕事をしなくてもいいという、そんな異常な日々が続いたのに、誰も会社の末路を見通せなかった。いまになって考えてみると、「来た！」と社員が叫ぶような日がいずれやって来るはずだったのだ。

彼の救いは、妻のゆかりが何も聞かないでいてくれることだった。二人は職場結婚である。一緒になってから九年目、林の一本気な性格も、ひとりで抱え込むことも、一つ年下の彼女はよく知っている。それに、黙って待つことには彼女は慣れているのだ。大らかな大阪のサラリーマン家庭に生まれ、伸びやかに育っている。総務の秘書役で、おとなしく従順に映った。職場の華でもあった。

二人が付き合いはじめたのはバブル景気のころで、男性社員は忙しそうに深夜まで残業をしていた。林から電話がかかってくるのが午後十時ならまだ早いほうだった。携帯もない時代だったから、彼女は先に自宅に帰って電話を待っていた。

「今日は早よ終われそうやから待っててな」

そう告げられると、彼女は会社に近い御堂筋の喫茶店で、たいてい二時間はじっと待った。待てばきっと来る、とわかっていたのだった。

住専社員に対する逆風にも少しずつ慣れていった。林は会社の借り上げ社宅に住んでいたが、住専の経営破綻とともに、そのマンションのオーナーから、「出て行ってくれ」と求められた。たいしたマンションでもなかったが、家賃の延滞を恐れたのだろう。

ひどいことになったと思ったが、ばたばたと探したら百メートルほどのところに、もっと安い賃貸マンションが見つかった。会社が崩壊しても何とか生きていける。荒れた時代だが、この人の判断に任せよう。そう思って、彼女は林たちが味わったその日の屈辱について、聞こうとしなかった。

2 いまさら抜けられない

住専五社が一斉に家宅捜索を受ける二ヵ月前から、日本住宅金融の池田等は大阪地検特捜部の取り調べを受けていた。東京地検特捜部も同様な住専の乱脈融資事件を捜査し、大阪府警や大阪国税局も調べを急いでいる。

たぶん、どこよりも早く成果を挙げたいという先陣争いが背景にあったのだろう。もともと厳しい取り調べで有名だった大阪地検特捜部の追及は一段と激しく、かつ執拗(しつよう)で、ひどい日は池田に休憩や食事の時間を与えないまま、午後十時ごろまで続いた。池田は膨大な量の調書を取られて、それを読んで聞かせ(せ)られる。そして、「急ぐんだ。早くまとめろ」と急かされながら署名を求められた。

彼らは末野の資産隠しを裏付けるとともに、日住金の乱脈融資の実態を解明しようとしていた。国民の目を意識し、借り手と貸し手の双方を追い詰めようとしているのだ。大きな標的となった日住金は、末野に対する貸付額が最も多い。

その融資の口火を切ったのは辣腕の池田であった。

検事が繰り返したのは、「なぜ、それほど巨額のカネを貸したのか」という根本的な疑問である。そして、「末野が延滞した後、会社としてどんな行動をとったか」と詳細に問うた。

池田が日住金の特別回収隊に加わったのは、延滞が始まってから時が過ぎた後で、末野の巨額資産が消えた経緯や、日住金の督促状況など知らないことも多かった。それでも、池田に対する取り調べは延々と続く。心配した上司は地検から戻った池田に問いただした。

「お前は何の話を聞かれてるんや」

「いろんな話が出てきますから、末野以外の話もしてます。うちの会社がどんな対応をしていたか、ということも調べられています」

それを聞いた上司は驚いた。日住金や銀行の貸し手責任が問われている時期である。池田の供述によっては、巨額融資に承認を与えた日住金の幹部が、取り調べに呼ばれることになるかもしれない。上司は、

「お前は何を話すかわからへん。答えたらあかん。これからは検事の質問だけ聞いて帰って来い」

そして、これは社長指示やからな、と念を押した。池田はばかばかしくなった。そんなことが検察に通じるか。そう思いつつ、特捜部でしれっとそれを伝えた。

「これからは質問を聞いて帰り、それから返事をします。そう言って来い、と社長か

ら言われておりますので、今日からは答えません」

するとと、予想通り、検事は激怒した。

「お前の会社は悪いことやってるんか！　悪いことやってるんなら答えないのはわかるけども、特に悪いことはしてへんのやったら答えられるやろう。池田が答えたところで支障はない。社長にそう言ってこい！」

会社と検察の板挟みだ。池田は戻ると、担当役員にそのまま伝えた。

「検察庁が社長に、悪いことしてへんのやったら答えられるやろ、と言ってますけど、どうしますか。検事も必死ですわ」

実のところ、大阪地検特捜部は焦っていたのである。住専が末野に融資した資金は消えたままだった。大阪府警は木津信組の乱脈融資事件にからんで三月十四日に、大阪地検特捜部と大阪国税局は住専破綻直前の四月九日に、それぞれ末野興産や自宅などを家宅捜索していたが、肝心の隠し金がどうしても見つけられなかったのだ。

だが、そんな当局の事情を知らない日住金の上層部は、保身に傾いている。役員がうんざりした表情を浮かべた。

「わかった、わかった。ほんだったら好きなように答えておけ」

いまさら、何を飾ることがあるのだろうか。

住専処理策が前年の九五年十二月に閣議決定されたとき、農林系の協同住宅ローンを除く住専七社は倒産、消滅させることが決まっていたのだ。そして、住専処理機構なる新組織が作られ、住専の不良資産はそこに集められて債権回収をやることも決定済みだった。

この住専処理機構が七月二十六日に、「株式会社住宅金融債権管理機構」——通称「住管機構」として発足することになっているのだが、この新組織には、倒産した住専社員が送り込まれることになっていた。自分で貸したカネは自分で取り立てろ、ということなのだ。

住専処理に税金が投入されることに決まってから、池田の自宅にまで新聞社や放送局の記者たちが押しかけていた。駅前には街宣車が「住専は悪です」「借金王たちと癒着して不良債権を作った国賊だ」とがなり立てる。同僚の子供は学校でいじめられ、家族も白眼視されていた。

それまで「お客さん」と呼んでいた借り手から、「俺たちはどうなるのや」と尋ねられる。こちらが聞きたいくらいだ。地検に連日呼ばれる身なのに、同僚がごそっと抜けると、膨大な債権を引き継がなければならない。喘(あえ)ぎながら生きている。

だが、地検通いを続けているうちに、俺はいまさら抜けられない、と思いはじめる。

——末野への融資稟議書に最初のハンコを押したのは自分だ。責任がないなんてことは絶対にない。責任者として、誰かがその住専処理機構に残らなければいけないとしたら、間もなく五十路の自分だろう。

同僚たちはどんどん会社を辞めていた。住管機構は十五年で解散することが決まっている。将来性はないし、回収をすればするほど会社の寿命が縮むのが宿命なので、池田のように踏みとどまろうという者は少なかった。住専解体が決まってから、池田自身も若い社員に、「住管機構のようなところに残ることを考えるな」と勧めていたのである。

「お前らな、十五年経ったらなくなる会社におってもしゃあないやろ」

その道が貧乏くじであることは明らかなのだ。だが、池田は住専にいたというだけで罪人のように言われたり、国民の敵と罵られたりしていた。それが今度は新組織に移り、債権を取り戻す立場に回ると決めてから、負っていた重荷を降ろしたような、どこか救われるものを実感した。不思議な解放感さえ覚える。給与は住専時代よりも二割ほど下がるらしいが、

「これからは親子四人で食べていければいいよ」

妻の裕子がそう言ってくれたことがひどく嬉しかった。一生ちゃんと食べさせる、それは池田が結婚の条件として裕子に固く約束したことである。

――なるようにしかならない。一生懸命やれば誰かが助けてくれるだろう。

混乱した時代にあっても、池田の性善説と妻の楽観主義は折り合いをつけながら息をしていた。

3　なぜここにいるんだ

皇居を背に新宿通りを西へ、東京の千代田区と新宿区を隔てるJR中央本線を越えて行くと、顔のない街が現れる。記憶に残ることを拒むように並ぶ、変哲のない中層の雑居ビル群だ。その四谷三丁目の交差点から歩いて五分のところに、秋暑の陽射しに炒られた八階建てのビルがくたびれて建っていて、がらんとした一室に百四十四人の男たちが集められていた。九六年九月三日のことである。

男たちは七十八人と六十六人のグループに分けられている。林正寛と池田等は前者の群れのなかにいた。

シミの浮き出た天井や壁を見回しながら、林はこれからどうなるのだろうか、と考えていた。ここがとりあえず、住宅金融債権管理機構の本社になるというのである。

――ボロボロやないか。

どこからか異臭がする。隣接した四谷警察署の裏手に警察のガソリン給油所があって、老朽ビルの窓から時折、ガソリンの臭いが侵入した。※7

このビルは、つぶれた住宅金融専門会社が保有していたビルである。少し激しく雨が降ると、ビルは泣き、店子は慌てる。雨漏りがするのだ。店子になろうとする者は天気予報に留意し、大きめのビニールシートを用意する必要があるのだが、今日の参集者はまだ知らない。

そもそも参集者の半数以上が、自分たちはなぜここに集められているのかを、よく理解していなかった。住管機構は設立準備要員だけで七月二十六日に発足していたが、社員たちの入社式は約八百人を集めて十月一日に予定されていた。それより一ヵ月も早いのである。

早期招集の百四十四人はつまり、社員の中から特別に〝事前選抜〟された――それには様々な意味があるのだが――面々なのだった。彼らは東京と大阪に誕生する住管機構の「特別整理部」に配置されることになっていた。これは焦げ付き百億円以上の大口で、しかも悪質、反社会的な債務者を担当する部署で、やがて「トクセイ」と呼ばれる。資産隠しの解明や回収に長けた専門部隊が、いままさに必要とされていた――と書けば聞こえはいいが、要するに、カネの猛者を相手にする汚れ仕事である。特別整理部はこの三年後に「特別回収部」――通称「トッカイ」に改組され、さらに過酷な仕事を求められるのだが、林たちはそこに勤めつづける運命にあることなど予想もしていない。

「研修らしいわ。まあ、行けばわかるで」

という曖昧な言葉で、林は大阪から送り出されていた。入社十一年目の三十二歳、参集メンバーの若手の一人である。

百四十四人のうち、林や池田を含む七十八人は、いずれも破綻した七つの住専に勤めていた。その半数は大阪から集められている。七つの住専大阪支店から一社当たり五、六人が選ばれ、それで計三十八人というわけだ。林の上司は「ほかに見劣りしてはあかんから、うちは優秀な者を選んだんや」と言ったが、別の住専は「ダメな五人を出した」と言われていた。玉石混交であることは間違いないようだ。住専から来た残る四十人は東京組である。

林は日本ハウジングローンがつぶれた後、「住専社員を再雇用して不良債権処理の国策会社を作るらしいよ」という声に促されて、元同僚とこの住管機構に入ることになってしまった。

会社が破綻した直後に、彼はハローワークに興味津々で職探しに出かけている。どんなかな、世の中どんなになってるんやろ、と思ったのだが、ハローワークでガテン系の募集が多いのを見て取ると、「これは無理や」とさっさと帰って来た。他にも転職の道はあったが、組織の末端であっても会社崩壊の責任を感じていたので、まあ、何とかなるやろ、と流れに任せてしまっていた。

住管機構という新組織を設計したのは、金融のかじ取りを誤った監督官庁の大蔵省銀行局である。彼らが苦心したという新組織の特徴は、〝奪り駒使い〟とも言うべき人材活用手法であった。消滅させた会社から奪った駒、つまり破綻会社社員を今度は悪質債務者に向けて打ち込む、将棋のような駒使いである。

「要するに、住管機構やその後身の整理回収機構というのは将棋会社なんだよ。将棋は相手から取った駒を使って攻めるでしょう。潰れた住専の人を期限付きで採用して、相手を攻める、不動産業者などからカネを取り立てさせる。上に立つ大蔵省や検察、警察幹部など一部の人は別として、入社した実働の社員は、住専という会社が倒産したことで雇われる身になった人で、いわば取られた駒なんだよ」

整理回収機構の元役員はこう言う。

その〝設計〟の根底には、住専が膨大なカネを貸したのだから、原因を作ったその住専の元社員たちを訓練して取り立てさせよう、という発想がある。いまだ混乱のなかにある住専組の多くはその思惑をまだ知らない。

これに対して、残りの六十六人はある程度、事情を知らされたうえで送り込まれていた。彼らは銀行からの出向組である。つまり住専を設立したり出資したりしている母体から、おおむね二年の約束で債権回収を命じられて、その場にいたのだった。

入行十二年目の津田敏夫もその一人であった。兵庫県尼崎市の富士銀行塚口支店にいた彼は、この八日前の八月二十六日、すでに住管機構大阪特別整理部調査役の辞令をもらっていた。住管機構の総務部が配った「入社案内」には、こう記されていた。※8

勤務時間　午前9時〜午後5時半　休憩1時間（2交代）
休暇　出向者は、出向元の規定に従って取得できます。
当社概要　資本金　2000億円
役職員　187人（8月26日現在）

実際の仕事は過酷で、勤務時間などあってないようなものだったが、それにしても、住専組と銀行出向組では採用時期や待遇、それに士気にも隔たりがあり、それが組織内の不和を生む一因となっていく。

ただ、優遇された銀行組のなかにあって、津田はこの出向先に期するものがあった。上司との折り合いがいま一つだったうえに、銀行で果てしのない仕事に追われていたからである。

残業しても仕事は終わらず、自宅に持ち帰って稟議書を書いていた。愚痴を妻に聞かせ、深夜、稟議書をまとめながら、晴れぬ不安と焦燥をウィスキーで散らしていた。

――このままだと、遠からず肝硬変になるな。

抜け出る道が見つからず、暗い考えにとらわれていた。

彼の富士銀行は全国銀行協会の会長行にあたっていたため、まず十人が住管機構に、その上部組織の預金保険機構に一人が出向させられている。この日、津田の視線の先には、同じ大阪から来た大阪駐在調査役の下國士郎がいた。十三期上の下國は住管機構の法務部調査役に就き、津田たちを管理する側である。生き生きと立ち働く下國を見て、彼もまた銀行で燃焼できず、ここに人生の復活を懸けているのではないか、と津田は思った。

「中坊社長がいらっしゃいました！」

待機していた林たちに進行係らしき男が声をかけた。背中を丸めた小柄な老人がツカツカと入って来る。見事な禿頭（とくとう）である。林たちが将棋の駒であれば、その男が一番大事な「王将」だ。

「あれが中坊さんか」

という声があがった。元日本弁護士連合会会長で、初代の住管機構社長に就いた中坊公平だった。時の人だ、と林は思った。

すると、進行係が「中坊社長に、敬礼！」。そう聞こえた。なんや号令をかけられたわ、とびっくりしていると、

「あ、すみません、中坊社長に礼！」

と言い直した。後で聞くと、彼は警察ＯＢとかで、緊張のあまり間違えたのだという。

中坊は森永ヒ素ミルク中毒事件や豊田商事事件など有名な事件を手掛け、「正義派弁護士」としてマスコミに絶大な人気があった。日本最悪の産廃不法投棄の島・香川県豊島に乗り込んで、住民とともに長く闘った弁護団長でもある。さらに、住専破綻後、大蔵省銀行局と渡り合い、首相にも注文を付けて「住専処理」という火中の栗を拾っていたから、新聞などは、債権回収の陣頭指揮にあたる「平成の鬼平」ともてはやしていた。

ところが、中坊自身は住管機構のことを、「こんな非人間的で欠陥を抱えた組織はない」と見ている。

社員は住専七社から寄せ集めた面々である。能力、社風、企業文化、社内言語まで異なり、それぞれが会社破綻を味わって人生の苦さを噛みしめ、心に傷を抱えている。警察や地検特捜部、国税局から家宅捜索を受けたり、取り調べを受けたりしてい

た社員もいた。その多くは傍流で、「寄せ集め」集団に見えた。だが男たちは、それぞれに職業人生にはいささかの誇りを持ち合わせていた。彼らは、運命のいたずらで集っている。

彼らの上に立つ幹部の多くは、住専に出資していた母体銀行からの出向者だ。いずれ銀行に帰ってしまう。ほかにも大蔵省、日本銀行、法曹界、国税庁、警察からの出向者が要職に就く。いずれも最後まで責任を持つことはない上司なのである。しかも、行員を出向させたその母体銀行も同じような業者に過剰融資をしており、住管機構と競って取り立てに乗り出していた。利害が対立する相手でもあるのだ。

部下は上司を選べないというが、社長の中坊だって幹部の一人さえ選んだわけではない。与えられた幹部たちでこの回収会社を運営していかねばならないのだ。

おまけにこの組織には、検察官や警察官のような逮捕権限や強制捜査権限は与えられておらず、その存続期間も、住専法という新たな法律によって十五年と決まっている。中坊自身は、その半分の七年半で回収を終える、とさほどの根拠もなく宣言していた。

ではその先、社員はどうなるのか。「汚い、きつい、そして危険」という3Kの債権回収をやらせて、期限がくれば「あなたはクビだ」というのが基本的な運命なのである。※9出向の行員や中坊ら弁護士には帰るところがあり、住専処理スキームを作った官僚たちには天下る先がある。住管機構を天下り先にした幹部さえいるのだ。

　だが、林たち元住専社員には戻る道はない。「俺たちには本籍がない」と彼らは表現した。帰る道もこの先も、さっぱり見えないのだった。

　社員の一人は、入社当時の暗澹（あんたん）たる気持ちを、手記にこう書き残している。

〈「この仕事は恨まれることはあっても、『ありがとう』とは決して言われない仕事」で、この先十数年は毎日嫌な思いをしなければならないなと憂鬱だった〉※10
　その矛盾に巻き込まれた社員たちを、中坊は法律と国策という盾、それにワンマン経営とで引っ張っていこうとしている。壇上に立った中坊は、林や池田らの住専組に視線を投げたり、銀行出向者たちに向き直ったりして、

「住専社員だった皆様、本当にご苦労でした。つらかったでしょう。しかし、これからは胸を張って仕事ができます。そして、金融界の皆様、業界の不始末を解決し、信頼を回復するのが仕事です。世間の厳しい目を感じてください」

　と挨拶をはじめた。

「住専処理のため、政府が六千八百五十億円という国民の税金を投入したことはご存じの通りです。何ら関係のない人まで税負担をさせられたのであります。当社は国策会社であって、当社の目的、すなわち国策というものは、国民にこれ以上の負担をかけないことです！　これが唯一の目的であります」

関西なまりの中坊の演説は法廷で鍛え上げられている。新社員たちは中坊のすばらしく甲高い声の勢いに圧倒されて、しわぶき一つ発する者もなく、何やら胸が詰まるような時間が続いた。彼は住専問題を発生させたのは、借りたカネを返さない債務者であり、住専七社を作り、それに融資してきた農林系を含む金融機関であり、それを指導、監督する立場にあった大蔵省である、と考えている。

自分たちがミスを犯したのだから、自分たちですべてを処理すべきだったのに、六千八百五十億円という不足分が関係者間で調整できず、国民に押し付けられた。つまり、罪なき国民が罰されている。これ以上の理不尽は許されないから、この社員たちで徹底的に債権を回収することで、国民にこれ以上の二次負担はかけないようにしよう、というのだった。

「問題は、どこから回収するかということです。私はね、三つの枡（ます）があると思っております。一つ目の枡は債務者、これは保証人などを含みますよ、彼らの責任を追及して、全人生、全資産をもって返済するよう追及します。隠していれば暴いて回収するんです。二つ目の枡は、抵当権を設定している担保物件を処分、活用して債務を弁済させることです。そして三つ目の枡は、関与者の責任を追及することです。融資の紹介責任、経営責任を裁判という手段を使ってでも追及して請求していきます。

当面の作業は実態調査です。仕事を進めるにあたって、三つの心構えを持ってください。使命感を理解すること、特に業界の汚名を返上するという使命を抱いて、現場主義に徹してください。そして、形式慣行を打破していきましょう。新しい組織はその実践のなかから樹立されていきます」

林の耳には、短く高い中坊の最後の声だけが残った。確かにこう聞こえたのである。

「ここにいる君たちが回収しなければいけないんや。当社は猛烈会社です」

そして特別整理部に採用するとの辞令を、住専組の七十八人に交付した。林の辞令には〈大阪特別整理部調査役を命ずる〉とあった。彼はまたもや驚いた。

――何やねん、嘘やろ！　きょうのきょうで辞令交付なんて聞いてへんし。

大きな波に乗せられている。えらいことになった……。

とても離脱など許されない、ピーンと張りつめた空気のなかで、足が地につかなかった。一センチぐらい体がふわふわ浮いてるんと違うか、と林は思った。

4　大変なノルマを負っている

繊維問屋の賑わいを残す大阪・南船場も、東のはずれまで来ると人通りはまばらで、商店街を抜けた先に小さな寺が現れた。

そこに墨痕（ぼっこん）鮮やかな張り紙が二枚。

〈自分は正しい　この思いが　自他共に悩ます〉

〈あなたと私は　合わぬのが　あたりまえ〉

とかなんとか。そのお言葉を一瞥（いちべつ）し、くるりと振り返って、林が見上げた雑居ビルは、前面がきらめくガラス張りの九階建て、からりとした青空と白い雲を映し、人間の煩悩（ぼんのう）をよそにきらきらと輝いていた。

——いかにもバブリーやな。

林は心の中でつぶやいた。繁華街の喧騒が届かない街の空に、ビルは派手な面を突き出している。日本ハウジングローンの出身だから、不動産融資についても詳しく、施主の考えと時代が透けて見えるような気になる。ビルの正面は石造り風で豪華だが、中はウナギの寝床のように細長く、エレベーターを降りるといきなり執務部屋、廊下がなくて、使い勝手が悪いのがすぐにわかった。

ここが、大阪の取り立て集団の本拠になるというのである。住管機構の大阪特別整理部——大阪トクセイだ。

彼は東京で「集合研修」を終え、大阪に戻ってこのビルに集合するよう指示されている。二階に行くと、アジトには机もまだ入っておらず、がらんどうの部屋の壁際に社員たちが突っ立っていた。

——じりじりと都落ちしてるわ、僕ら……。

林は空っぽの部屋でそう考えた。それまで住専各社は、東京や大阪の一等地に本支店を構えていた。ところが、林のいた日本ハウジングローンの支店は、淀屋橋の香港上海銀行ビルから堺筋本町の福助・第一生命ビル七階に移転し、大阪地検や国税局の家宅捜索で踏みにじられ、経営破綻をすると、看板は住管機構の第七事業部に架け替えられる。

そして、林たちの新たな職場となった大阪トクセイは、堺筋本町からさらに南へ一キロほど入った大阪市中央区博労町（ばくろうまち）。江戸時代に馬を扱う荷役担当の役人や獣医師が多く住んでいたため、その地名が付いたという。ここを選んだのは中坊である。

「私はおしゃべり中坊と言うてね、弁護士だからしゃべるのが商売なんですわ」

と中坊は語り、耳目を引く言葉で官僚や記者たちを驚かせた。一方で無駄や華美を嫌い、住管機構の本社ビルも旧住専が借金の担保として取ったものを使うよう指示した。博労町のビルも、住専の一つが代物弁済で押さえていた不動産で、どことなく場末感が漂ってくるのである。

不安気なトクセイの面々に、幹部らしき人物が号令をかける。

「集まってくださーい。とりあえず腰をかけて」

と言われても、どこにどう座ればいいのか。

この新しい組織はずっとそうなのだ。林はぼんやりとこの二ヵ月を振り返った。彼らは「とりあえず東京へ行ってこい」とか、「あとは大阪で頑張ってくれ」とか、よくわからないまま走らされている。説明を求めても、要領を得ない答えしか返ってこなかった。

住管機構の「とりあえず」を象徴するのが、社員の集め方である。かき集めたという表現がぴったりなのだ。それも六回に分けて、つぶれた七つの住宅金融専門会社や銀行、その他もろもろから採用されていた。

大蔵省銀行局長の西村吉正は、「住専処理スキーム」をガラス細工にたとえた※11が、その設計図に基づいた日本初の取り立て会社は、継ぎはぎ、手探りで組み立てられていた。

最初の参集は九六年七月十日。「第一次職員が着任」という記録が残っている。本社となった東京・四谷三丁目の古いビルに、大蔵省、日銀、法曹界、国税、銀行、警察などから三十二人が集められた。住管機構の設立準備要員である。彼らは「四谷新発隊」と呼ばれた。

次いで七月二十六日、役職員八十一人を集めて設立記念式が開かれる。富士銀行融資部大阪駐在調査役だった下國士郎はこのときの参集組である。住管機構の法務部主任調査役として出向した。彼は大阪のトクセイや大阪事業部の立ち上げメンバーとなるのだが、上司から告げられた言葉の重さに驚いてしまった。

「とりあえず東京に行け。出向してもらうよ。これは内緒で動いているからね」

ワープロや書類、机の中の印鑑や名刺もそのままにして、下國は銀行から忽然と消えてしまった──銀行の同僚にはそう見えた。内示は伏せられていた。

上京して東京・大手町の富士銀行本店に行くと、取締役が待っていた。

「中坊さんが法学部出身者が欲しいと言っているらしい。新しくできる住管機構に行ってもらいたいんだ」

──誰かおらんかな、暇そうなやつはどいつだ、と。まあ、そんなところだろう。

彼はそう自問自答して出向を引き受ける。下國は融資部大阪駐在として関西の住専もチェックしており、その内情に詳しかった。それに、大銀行では内示を受けると、検討の余地などないのである。

すぐに四谷三丁目のビルに行ってみた。そこで下國は住管機構の幹部にこう言われる。

「ご苦労さん。住管はカネがないので、事務用品は全部自分で調達してくれないか」

唖然とした。（なんだこれは！）と思いつつ、仕方なく、また富士銀行本店に顔を出した。

「申し訳ありません。ワープロを下さい。それから鉛筆もお願いします」

「どうしてなんだ」

「ここだけの話ですが、自己調達だそうです。とりあえず母体行から持って来いというんです。新しい会社は空っぽなんですよ」

下國らが参集して六日後の八月一日、新たに三十人に不動産部などの辞令が交付された。本部要員はそれで採用完了である。

八月二十六日には津田敏夫ら銀行からの出向者が、九月三日には住専組が東京に集められ、特別整理部要員として辞令交付式が行われた。林や池田たちはこの第五次参集組である。

そして、一ヵ月後に、旧住専七社の再雇用組八百人の入社式が行われる。だが、バタバタと会社の形を整えると、本社機能を中野区のビルに移すことになった。林たちが思った通り、やはり四谷三丁目のビルは老朽で手狭だというのだ。わずか二ヵ月で本社移転である。

一方、林たちを住管機構大阪支店で出迎えたのは、前述の下國ら三人の銀行出向者と、二人の国税庁出身者だった。大阪の立ち上げ要員である。いずれも銀行や役所の本流から外れた面々だった。

下國がはじめにやったことは、建築家と相談して、膨大な書類を収める書庫を博労町のビルに作ることであった。まだパソコンもなく、融資のデータ類はみんな紙という時代だ。博労町ビルはバブリーに見えるが、意外に華奢（きゃしゃ）だったのである。段ボール何百箱という関西一円の債務者たちの書類を持ち込んで、はたして床が持つのかどうか。銀行のビルの場合は、総重量に耐えると同時に、震災や強盗に襲われても金庫が壊れないほど頑丈な造りになっている。

「人間一人あたり五十から百キロ、住専にあった両袖の机を全員分持ち込むとすると、机だけでもざっと二百キロぐらいになりますね。それに書類も持ち込むと、どれぐらいこのビルの床は持つんでしょうね」

「床面積で二万トンぐらいは持つんかな」

あれこれ議論して結局、大阪トクセイなどをビルに入れ、その他の事業部は別に分散することになった。大阪の組織を集めて管理すると床が抜ける、という判断である。

それを差配する大阪のトップは、専務取締役の朱雀井（すざくい）亮だった。一九六七年入庁の元国税庁採用キャリアで、熊本国税局調査査察部長や東京国税局徴収部長などの後、高松国税局長を退官して住管機構に来ていた。

国税庁キャリアというポストは、大蔵省や国税庁の要職を約束された大蔵省キャリアと、国税庁の九割を占めるノンキャリア職員の間に立って、国税庁の実務を仕切る難しい立場にある。

そのなかでも朱雀井は、調査査察部や徴収部門を経験し、退職後には東京の第三京浜道路を赤いハーレーダビッドソンで爆走する、一風変わったところがあり、寄せ集め集団の幹部としては適役と思われたのであろう。かなり後のことだが、下國は東京の新宿御苑近くで二度、ジャンパーを着、ハーレーにまたがった朱雀井にばったり遭遇した。「どこかで見た人やな」と思ったら、「おお、俺はこの辺で遊んどるんじゃあ」と彼は言い放った。

朱雀井は政治家にも知り合いがいたが、国税官僚にしては忖度（そんたく）下手な方である。新聞記者たちと飲みに行ったりマージャンをしたりしていると思えば、花が好きでシンビジウムを大事に育てていた。茫洋（ぼうよう）たる大人（たいじん）、悪く言えばボーッとした馬面、何を考えているかわからない佇（たたず）まいが持ち味である。

国税庁から来たもう一人の立ち上げ要員は、彦根税務署長を辞めたばかりの大澤幸忠だった。朱雀井はその大澤を初代の大阪特別整理部長に就け、林たちに「大阪トクセイは中坊社長の直轄組織であり、大変なノルマを負っている」と言い渡した。

十月に入ると、中坊から全社員に長い手紙が届いた。それは、

〈前略　私はさる七月二十六日、新しく設立された株式会社住宅金融債権管理機構という恐ろしく長い名前の会社の社長です〉というところから始まり、〈入社して頂いた皆様と、ご家族の皆様、ともに手を携えて頑張りましょう〉などと結ばれている。

　本人は社長メッセージと手紙に書いているが、一種の檄文である。本格的に事業を開始しようという時期に、一千百人の社員と家族の士気を上げようとしたのだった。独特の挨拶のあと、手紙は次のように、新会社には倒産の二文字はない、と訴えかけている。

〈まず住専七社から来ていただいた方々に申し上げたいと思います。住専七社は実質的に倒産しました。しかも、その後始末に国民の税金を使ったことから大変な世間の非難を浴び、各社は八月三十一日をもって解散しました。住専にお勤めの皆様はどれ程か苦しかったでしょう。悲しかったでしょう。お気持ちは痛いほど分かります。

（中略）

　しかしご安心下さい。当社は資本金二〇〇〇億円の株式会社ですが、全額を国が出資し配当を要しないという特殊な国策会社なのです。この会社に倒産という事態は全くありません〉※12

　そのうえで、われらはこれから国民に喜ばれるために頑張るのだから、胸を張って生きようではないか、と諭すように続けている。実用文ながら、高熱の中坊節をそのまま字に落としたような文章である。
〈この会社の唯一の目的は、旧住専七社の資産を回収して第二次ロスを発生させず、別の言い方をすれば新しい国民の負担を生じさせないところにあります。※13
私たちがこの会社の目的を達成して、誰よりも喜び祝福してくれるのは、すべての国民です。住専七社の場合は、それぞれの民間会社の利益追求のために会社は存在していましたが、当社の皆様が頑張って頂ければ、国民の新しい税金負担がなくなり、すべての国民に喜ばれるのです〉
そして、旧住専社員には、〈これから人に問われたら「当社は国民の皆様に新しい負担をかけないために働いている会社です。」と胸を張って答えて下さい〉と情に訴え、銀行出向者らにはさらに高い調子で語りかける。
〈当社はこんな会社だ、ということを知って下さい。世間の危惧を跳ね飛ばして当社の面目を世に知らしめようではありませんか〉
文は人なり、と言うが、後段には「何もかも投げ捨て」とか、「死に場所」といった言葉がちりばめられ、中坊の並々ならぬ決意がみなぎっている。
〈私はすでにワンマン社長と呼ばれ、必ずしも人格者ではありません。しかし当社本来の目的実現のために何もかも投げ捨てて、この目的実現のためにのみ全力を尽くします。

私は給与も返上しました。私はすでに日弁連会長を務め、新しい名誉を望む気持ちは少しもありません。私がこの新しい職場に全力を投入するのは、六十七才になった現在、自分の人生の最后(さいご)を私なりに完結したい、というためだけです。この意味で私は、何より立派な「死に場所を得た」と喜んでいます。当社の目的達成のためにはどんな力にも負けず、努力することをお誓いします〉

中坊の手紙は、翌九七年七月二十五日にも、社員と家族のもとに届けられた。住管機構の設立からちょうど一年が経つので、これまでの回収結果を報告して、社員を支える家族にもお礼を申し上げる、という趣旨である。その手紙とともに「家族でお使い頂ける心ばかりの記念品」として、保温鍋が配られた。社員たちは「残業で帰りが遅くなるから、という意味かいな」と首をひねった。

トクセイの班長や事業部の支店長、弁護士らにはさらに、その年の十一月末、手紙※14と一樽ずつ千枚漬が届けられた。

生真面目な池田は、「中坊さんはなかなかの名文家やなあ」と思って、その三通の手紙を大事にしまい込んだ。

だが、そんな社員ばかりではない。斜に構えるところのある林は、「ふーん」という調子で、「こんなに感情を込めて手紙を書く人がおるんや」と思ったぐらいだ。もっと冷めた、こんなの額面通りには受け取れん、という社員もいたし、そもそも家族に手紙を見せなかった者もいた。

身近に接した元社員が言うように、「中坊さんは遠くで眺めるのはいいが、近づくと大変しんどいんです」という存在だったのである。

第三章

悪戦が始まった

1　割引債はその上階にあった

約三ヵ月かけて実態調査をし、担保物件の本当の価値を一つずつ精査すると、林たちが負ったノルマの過酷さと、大阪トクセイが相手にする者たちの正体がはっきりと見えてきた。

回収の相手は末野興産や怪商と呼ばれた西山正彦のペキシムなど八十六グループ約二百社、取り立てる債権額は二兆一千億円に上っていた。関西の主な大口、悪質債務者と債権額（住管機構の譲り受け元本）を列記してみると――。

富士住建　五千百十九億六千二百万円
末野興産　二千五百四十九億一千四百万円
朝日住建　一千二百十一億二千五百万円
日本工業　四百七億七千六百万円
川辺物産　三百四十二億八百万円
ペキシム　百七十八億七千八百万円

対する大阪トクセイは八班編成の約百人※1。八人の顧問弁護士と二十数名の協力弁護士とともに、班員は一人あたり二百十億円の債権を背負ったのだった。ちなみに、顧問弁護士はトクセイや事業部の担当全体の案件を扱い、協力弁護士は特定の個別事件のみを担当するのである。

彼らが立ち向かう相手は、したたかな曲者ばかりだ。前掲の六社にしても、すべて強制捜査の対象になった不動産会社である。日本工業は「京都五山」の一人に数えられる不動産業者・大山進の会社で、彼も京都の景勝地だった「何有荘（かいうそう）」を舞台にした一億円詐取事件で二〇〇五年に逮捕されている。

なぜ、これだけの金額をこんな会社に貸したのか？

指揮を執る中坊や、大阪の責任者である朱雀井ならずとも抱く疑問だ。もう金利さえ払えなくなっていた不動産業者の前で、日本ハウジングローンの幹部は、「皆さんの会社はつぶしません」と大見得を切ったという。甘い審査に加えて、保身からくる経営感覚の麻痺と癒着がなければ、これほどの惨状にはなるわけがなかった。

そしてもう一つ、リスクを住専に押し付ける母体銀行の紹介融資である。富士銀行から回収最前線に出向した下國は、こんな風に考えていた。

――半分以上、銀行の責任だ。銀行でできない融資をみんな住専に移そうとした。住宅ローンサービスなんかはどっちかというと犠牲者だ。銀行員の能力のないやつが、住自分が貸金もできねえから、本当なら断らないといけないところを、断らずに住専に持っていった。斡旋したという実績が挙がるからな。そんなむちゃくちゃな融資は銀行にはできないとわかっているから、住専に紹介するのだ。ひどい話だよ。

つまり、住専の不良債権は金融界の奥深くに沈んだ澱(おり)で、それを回収して歩くのは、貧乏くじのようなものだ。それをあえて引いた中坊やトクセイが頼みにしたのは、国などが出資して設立された「預金保険機構」という上部組織であった。「預保(よほ)」と呼ばれるこの組織は、「財産調査権」と呼ばれる強制調査権限を持ち※2、裁判官から検事、国税職員、刑事、警察庁や大蔵省、社会保険庁の官僚、銀行員、弁護士、公認会計士、不動産鑑定士までが集められている。日本の司法、捜査・調査機関、関連する役所を総動員し、四百人近くにまで膨れ上がった。大阪では住管機構に近い中央区本町のビルに本部を置き、トクセイとともに回収逃れを暴く内偵調査と戦術の検討に没頭していた。その調査結果は住管機構に還流し、トクセイが回収に邁進(まいしん)するという仕組みである。

つまり、日本の回収組織は、財産調査権限を握る「預保」と、現場で体を張る住管機構との二階建てだったのである。その理由を弁護士で、整理回収機構の専務だった中島馨(かおる)はこう説明する。

「住管機構やその後身となった整理回収機構はあくまでも民間会社だから、強制権限を与えるわけにいかないじゃないですか。いくら国中が不良債権だらけの非常事態だろうと、民間にそんな権限を与えたらいかんということだと思いますよ。あまり逸脱して、国と直結するような形になると、それはやっぱり司法の体重が崩れるからね」

一方では、この二階建ての構造が、「借りたものは返せ。全人生をかけて返せ」と、中坊を先頭に突き進む住管機構のサイドブレーキになっていた。

元トクセイ班員の証言によると、住管機構の発足当初は、班員が税務署を訪ねると、悪質債務者の税務関係書類を見せてくれたりしたのである。それは本来開示することのできない極秘書類なのだが、当時は不良債権回収が国策であり、正義とされる特別な時代だった。その錦の御旗やトクセイ班員の情熱にほだされて、税務署幹部も調査に協力することがあった。

トクセイの彼らはその税務申告書類と、これまでに住専に提出されていた決算書類を比較検証した。そして、債務者のでたらめな決算を見抜いていった。面倒でも、あるいは時間が多くかかっても、トクセイは預保の調査を待つ、というルールが徹底されていくのは少し先のことである。

問題は、トクセイや預保の相手が、逮捕されたぐらいではへこたれない面々だということである。その象徴的存在が、末野であった。

彼は九六年四月に、大阪地検特捜部と大阪国税局査察部の家宅捜索を繰り返し受けながら、しぶとくカネを守り抜いていた。

そのときに役立ったのが、例の違法建築で建て増しした末野興産本社九階の部屋であった。末野はそのときの模様を次のように語っている。

「うちの専務と会社の九階でな、割引債を整理しとったんや。お客さんからの預かり保証金で、二百五十億円を割引債で持っとったからね。（テナントが）出られるときにね、返さないかんカネや。銀行の借金と違う。俺が刑務所から出て来て、世の中渡って歩こうと思ったらな、絶対それだけしとかないかん。

だから僕はうちの専務に『これはな、返す段取りとして預かっといてくれ。お前、俺が中から出せいうときに出して、ちゃんとしてくれなあかんで』と言うとった。隠したわけじゃありませんよ。

そこへちょうど下に、令状持って検察庁（や国税局）の方が来はった。夕方六時ころやったかな。えらいとこ来たなあ、これえらいこっちゃなあと思ったけど、捜索令状をよく見たら本社の八階まで（しか捜索できない）となっている。検察は登記簿を見て八階までの令状を取ったらしいが、本当は九階を後で造って会議室にしてたんですね。

それで、（検察の人に）『ああ、これ八階までしか（捜索したら）だめとなっていますよ。九階は上がらんでください。いま支度しますから、ここでお待ちください』と言った。それから上は勝手に上がることはできへん」※3

末野が言った「九階の会議室」とは、下國士郎が富士銀行の四ツ橋支店時代に知った、あの秘密の場所のことである。末野の本社に先輩行員が札束を届けに行ったことは序章で記した。ガードマン代わりに付き添った下國は、そこで「八階の社長室の上に、女性を囲っているという部屋がある」と聞かされている。

そしてその場所は、池田等が末野の違法建築の象徴だと思っていた部屋でもあった。

末野は順風が止む九一年に、虚偽の建築確認申請書を提出し、福岡市博多区中洲に違法な飲食店ビル「中洲天祥ビル2号館」を建てたとして、建築基準法違反容疑で福岡県警に逮捕されていた。このほか、福岡の中洲に容積率の限度を超える違法なテナントビルを二棟も建てていた。

そんなふうに、またもや逮捕へと至る原因となった違法ビルが、五年後の家宅捜索のときには、資産隠しに役立った、というわけだ。

捜索に当たった国税査察官はこのときに職務熱心なあまりミスを犯している。巨額の末野マネーを見つけることができず、

「割引債を隠しているでしょう！　いますぐそれを出してください」

と迫ったのである。末野はこれでピンときた。

――こいつらは割引債の隠し場所がわかってないわ。関西銀行の貸金庫のことも知らんな。

彼は「九階の会議室」にも、仮名の貸金庫にも、それぞれ割引債を隠していた。木津信組に預けていた定期預金だけで五百七十億円近くに上っていたのだ。彼に言わせるとこうだ。

「あのころは腐るほど銭があってね、銭隠すのに難儀やった。百億ぐらいのカネやったらどこでも持ってけという具合や」

しかし、そのうちに貸金庫は嗅ぎつけられるかもしれない、と彼は考えた。そこで捜索を受けた翌日、貸金庫にあった二百二十二億円分の割引債を引き出させ、泊まっていたホテル日航大阪の部屋に紙袋ごと持ってこさせた。その夜には自宅、次の日は末野興産本社と、持って歩いた末に、部下に保管を命じている。

部下は自宅に隠していたが、末野に「何があっても俺の指示があるまでは持っておいてくれや」と指示されると、それを本社地下の高圧電気室の奥にしまい込んだ。そんなところに隠したのは、感電の危険もあるので誰も近づかないからである。ところが、末野が逮捕されると、取り調べを受けていた部下は「これは隠しきれない」とあきらめて査察官に白状してしまう。捜索から二週間後のことである。

末野は、「もっとまともなとこに隠せばええのに、これやと漫画やないか。ばれてしもて取られてしもた」と考えたが、それを逆手にとって、こう言った。

「本気で隠す気はあらへんから、そんな場所なんや」

査察官たちは二百二十二億円の割引債を確保したことに胸をなでおろしたが、よく考えてみると、それは彼が六年前に分散して持っていた定期預金の十分の一に過ぎないのである。

起訴された末野は八月六日、国民注視のなか、ぼさぼさの髪で資産隠し事件の初公判の場に現れた。頬はそげていた。ラフな白シャツにサンダル履きである。拘置所暮らしが百十日以上も続いており、筋無力症でもあったから、やつれているのは当然なのだが、その姿を大阪地裁で見た一部の記者たちは、末野ももう終わりだ、と考えたらしい。末野に関する記事は急速に減っていった。

だが、この裁判で問われたのは、末野に対する融資疑惑の一部に過ぎなかった。

起訴されたのは、

①五十二億円の預金を隠匿したり、約二百二十二億円の割引金融債を隠匿したりした強制執行妨害

②関連会社従業員の源泉所得税約六億円を納付しなかったうえ、末野被告の個人所得約一億五千万円を脱税した所得税法違反

③虚偽登記でダミー会社十八社を設立した公正証書原本不実記載、同行使
④関連会社従業員を各保険に加入させなかった雇用、健康、厚生年金の各保険法違反
⑤関連会社の就業規則の作成、届け出を怠った労働基準法違反
——であった。

普通なら、①と②のほかは略式起訴で済ますような事件である。軽微な事件まで積み重ねることで、検察側は末野の悪質性を浮き彫りにし、末野を実刑へ持ち込もうと狙ったのだろうが、残る一千億円の預金の行方など、起訴も、解明もされずに残った疑惑は多かった。

そのカネはどこに消えたのか——。この始末をつけるのが、大阪トクセイと預保の仕事だった。

2 中坊回収道がある

「生かして取るのか、殺して取るのか」

というあたりから、会議室に響き渡る中坊公平の声はひときわ高く、激越さを増して、特別回収にあたる社員たちの記憶に長く残る弁舌となった。

「生かして取る場合は、元本の回収期間は最長十年以内で、三年から五年位で目処をつける！

殺す場合も、特に法的整理の場合には、債権者平等の原則と管財人の資質による、隠匿資産調査の限界があるから、有名銘柄や悪質債務者以外は、その得失をよく検討したうえで行動する必要があるわ」

このカリスマの演説は、「社長の御言葉（直轄案件ヒアリング）」として、Ｂ４判用紙三枚にまとめられ、回収の大方針となった。

中坊は重いノルマを自覚させるために、いくつもの手法を駆使した。幹部社員を集めて回収策を具体的に示し、旧住専社員たちが失いつつあった使命感を強く刺激するのも、その手法の一つである。

高利で貸して取り立てる関西の金融業者には、「ナニワ金融道」がある。対する住管機構には、「正義の回収道」があるというのだ。

「少額の毎月返済増額で満足し『交渉の成果だ』と自慢するのは、すでに相手のペースに陥っているんやな。相手の急所、泣き所を突いてないから、お茶を濁されて誤魔化されてしまう。回収に何年かかるかを検証し、七、八年で回収するにはどうするかを考えて、相手にぶつけることや」

中坊流の急所は、ノルマを負った社員に「これは国のためにやるんだ」と大義名分の所在を言い聞かせ、「だから貸したもんは一生涯かけて返してもらう。そのために君らは知恵を働かせるんや」と叱咤するところにある。だが、言葉尻をとらえると、それはまるで金融業者の号令にも似ていた。

「交渉というもんは、相手方をこちらの言い分を聞かざるをえない立場に追い込んで、言うことを聞かせるのや。相手の言い分を聞いてきて、それを伝えるだけなら、丁稚の使いやないか。

何でも取るという基本姿勢を忘れてはならん。こんな物件は、まさか取られるはずがない、と相手が高をくくっているモノが、収入の要だったりする。だから、ラブホテルでさえ取る！」

これを聞いていた業務企画部のなかに、中坊の言葉を額面通りに受け取られるのはまずい、ブレーキもかけておこう、と考えた者がいた。業務企画部長は大蔵省の前東北財務局理財部長の官僚である。中坊はこうした官僚組に不満を抱いており、時折、「あの人たちは新聞ばっかり読んではる。もっと動いてもらいたい」と漏らしていた。

だが、組織中枢の実権を握る彼らは、三枚の「社長の御言葉」の後に、四枚目の注意書きを付け、「業務企画部の老婆心」と題して、社員に配布した。

その冒頭には、〈(標語)『頑固ジジィに因業ババァ』にならないように気を付けよう〉と記されていた。中坊を頑固ジジィにたとえ、社員たちはそれに連れ添う因業ババァになってはいけない、というのである。その〝老婆心〟はこんな風に続く。

〈案件の判断はケース・バイ・ケース

社長のご発言を言葉通りに単純に受け取らないこと。社長は皆が前提条件を当然理解しているものとして、前提条件抜きに発言されることが多い。スローガンだけを聞き齧（かじ）り、それを「金科玉条」にオールマイティの「公式」と誤解して個別の回収策を当てはめてしまうと、社長に『直喝』される羽目になるので要注意。社長の逆説的表現、極論的言い回しにも注意のこと〉

直喝とは、中坊に直接、一喝されるという意味である。

住管機構の名古屋支店顧問弁護士だった藤田哲も、中坊の凄まじい〝直喝〟を受けた一人である。九七年二月八日、中坊は土曜日に名古屋支店に出向いた。支店直轄案件について藤田が説明をはじめると、中坊は役員や名古屋支店幹部ら約二十名を前に突然、爆発した。

どうして怒られたのか、何を怒ったのか、藤田はまったくわからなかった。「君は弁護士としての能力がない」と口をきわめて罵られたのだ。

「取り組み方がなっとらん」

「住管のことがまったくわかっとらん」

「顧問弁護士として失格だ！」

言われた藤田は怒りで体が震えた。それまで本社からの指示はまったくなかったのに、突然やってきた社長から、けしからんと怒られる。何をどうしろと言うのか。戸惑いを通り越して、憤慨で藤田の体は熱くなった。何より口惜しかった。弁解したくても、どうして怒られているのかわからないくらいだから、弁解のしようもなかった。約二時間余り、彼は耐えに耐えた。一方的に殴られつづけた。あまりの口惜しさに、彼は会議室の窓から身投げしてやろうかとさえ思った。※4

直喝する中坊は気分屋で、独特の正義感を抱いていた。法律家は一般に、事実を積み重ね、そこへ法律をあてはめれば答えは出るものだ、と考える。動かしがたい法律の世界がある。ところが、中坊にはまず、これはこうあるべきだ、という理念があって、その実現のためにどの法律をどう使い、どう解釈するか、と発想していた。

弁護士や社員たちが「法律にはこう書いてありますよ」「それは判例にありませんと言っても、まず聞かない。「そんなものおかしいやないか。こうするためにどうしたらいいのか、お前ら考えろ」と主張する。理念に合わなければ法律が間違っているのだから、それは変えたらいい、というのだった。社員や弁護士から見ると、彼らの指摘を受け入れることはほとんどなく、わしの言う通りにやれ、という具合に聞こえた。

　中坊は胃の手術で一時入院しながらも、病床から指示を出したこともあった。年間二千五百万円の社長報酬を返上し、古希に近い身を捧げているから、誰も異議を唱えることができない。だから、対応策は二つしかない。

　藤田のように、怒りを仕事のバネにするか、反発して辞めるか。

　集められた弁護士は、弁護士会でも役職を経験したり、見識があって名の通ったりした者ばかりで、一人ひとり独立しており、本心では「中坊さんから罵倒される筋合いはねえよ」と思っている面々も少なくない。

　仮差し押さえの申し立てには、裁判所に供託する必要があるのだが、それでもめた弁護士もいた。中坊から「うちは予算が少ないんやから、裁判官の言うなりに保証金を納めてどうすんねん、値切ってこい」と檄が飛び、弁護士が怒ったのだ。

「あほか、そんなことできるか」

　そして、辞表をたたきつけた。そんなことがあったのに、案件会議で回収の優先順位を決めると、中坊は厳しい回収目標額を掲げ、社内に張り出させた。回収総額とは別に、譲り受けた帳簿価格を超えてどれだけ多く回収できたのかを示す「簿価超回収額」の目標も設定した。

　しかし、容易に目標には届かない。顧問弁護士たちも一緒になって取り立てに追われる。顧問弁護士の山川隆久は「譲り受け簿価が高かったせいか、回収総額、簿価超回収額とも、なかなか目標額には届かず、しかも、目標未達成額は、翌年以降の目標額に上乗せされるため、厳しいノルマに苦しんでいました」と打ち明けている。※5

それでも弁護士たちが住管機構に集まったのは、中坊や弁護士会に懇願されたからであり、かつてない回収作業にやりがいを感じたためである。開示されたあらゆる情報を分析することで、債務隠しのトリックをひっぺがし、謎を解いて法廷で突きつける――それは、隠された財産を見つける「宝探しゲーム」でもあった。そんな行為のためなら報酬を度外視し、寝る時間を惜しんでやる弁護士がいるのだ。関西で言う「面白がり」である。

髙橋典明(のりあき)もその一人である。彼は中坊公平に電話で、

「すまんが、国民のために二、三年の間、ひと肌脱いでちょうだい」

と求められ、一九九六年十一月から事業部の顧問となった。※6その後、大阪のトクセイも担当し、住管機構に入社するよう求められたのだが、大阪地裁近くに小さな個人事務所を持ち、長年の顧問先も断れないので、特別審議役というパートタイマーの上部執行役員の立場に就いた。

細い蔓の眼鏡に、重しのようなチョビひげ。やせぎすの背が伸びて、文学者か昆虫学者のような風采なのだが、茶目っ気があり、名前を音読みして「テンメイさん」と

呼ばれている。

債務者が「責任者を出せ！」と整理回収機構の応接室で騒いだときに、「私がそうですが、何か？」といきなり現れたことがある。

みんなびっくりした。その債務者も関西の口達者で、「なんや！　こっちはまだ、心の準備ができてへんわ」と捨て台詞を残して帰っていった、と伝えられている。

テンメイさんは、機動隊の前に立ってヤクザの事務所に乗り込んだり、隠匿資金の謎を解いたり、海外調査に出かけたりして、ずっと悪質債務者と戦いつづけている。

住管機構の社員や弁護士たちが、中坊の毒舌や罵倒に耐えられるのは、こうしたクッション役の弁護士が仲間として加わっていたからでもある。

3　一発殴られてこいや

九七年一月、住管機構は住専から譲渡された不良債権の一斉回収に乗り出した。林たちは博労町のビルで終電時刻をにらみながら残業するのが日常となった。ノルマに追われたこともあったが、心のどこかに、住専での長く無為な時間を埋め合わせようという気持ちが働いている。

班員は二人一組、メインで五社を受け持ち、相棒が抱える五社もサブとして担当した。二人のたすき掛けで計十社から回収するというわけだ。

担保に入っている土地やビルを見て歩き、融資稟議書などをもとに、まず融資を担当した旧住専の社員に聞き取りして、ヒアリングシートと呼ぶ基礎資料を作った。

「融資相手はそのころ、どないな経営状態でしたん？　社長はどんな人やったんですか」

担保価値が大幅に下落している不動産ならまだしも、出口のない土地や山林、海岸べりの土地を担保にした融資が次々に見つかっている。トクセイの同僚は、元社員たちを執拗に問い詰めた。

「なんでこんな融資をしたんですか？」

「そのときになんで、おかしいって指摘せえへんかったんですか」

その言葉は林の胸に重く響いた。

――よう、そんな偉そうに聞けるなあ。自分もそうやったやないか。俺もお前も、その人たちに貸したんとちがうんか。接待までして。

林は時々、バブルのころの接待ゴルフを思い出すことがあった。住専各社は、大口の事業資金を借りてもらうために、不動産業者らを招待してゴルフ大会を開いていた。事業コンペと称する「ご接待」である。

一九八七年に安田火災海上がゴッホの『ひまわり』を五十三億円で落札すれば、その三年後、大昭和製紙名誉会長の齊藤了英が、ゴッホの『ガシェ博士の肖像』を史上最高価格の百二十五億円で落札し、日本人の金満ぶりを世界中に見せつけていた。ディスコ・ジュリアナ東京で、ボディコンの女性たちが踊り狂うのは、その一年後だ。『住友銀行百年史』は当時を「バブル狂乱」と表現している。※7だが、この時期、その名門・住友銀行の首脳たちも、戦後最大の経済事件と言われた「イトマン事件」をめぐって、くんずほぐれつの暗闘を繰り広げていた。

大阪の料亭の女将に過ぎない尾上縫に対して、日本興業銀行など金融機関が総額一兆千九百七十五億円もの融資を注ぎ込んで詐欺事件に巻き込まれたり、日本長期信用銀行が、「リゾート王」と呼ばれた高橋治則に巨額融資をして経営破綻の道をたどりはじめたり、乱脈融資の事例に事欠かないのも、カネが泡と消えるこの時代のできごとである。

入社三年目、大阪支店にいた林正寛は、毎週のようにゴルフ場に駆り出されていた。ゴルフ場に大量の賞品を運び込み、大口融資先の不動産業者たちの記念写真を撮る。

その風景はどこも似たようなもので、住専の社長や役員がまずスモークボールを打ち、みんなで拍手する。そして、「いってらっしゃーい」とスタートホールから送り出した。

日本ハウジングローン大阪支店の優勝賞品はマツタケで、「しけてるわ」と不評だった。別の住専は海外旅行を付けたとの噂である。その接待ゴルフには、末野や、建売大手の富士住建、分譲マンションを手掛ける朝日住建など、バブルで急速にのし上がってきた業者が参加し、ハウジングローンは、東京から興銀出身で接待好きの社長・河原昇が駆けつけた。

ゴルフ場ではよく喧嘩が起きた。オレがオレがという業者ばかりだったからである。

「あんた、またスコアをごまかしたやろ」
「何言うてんねん。間違いないわ」
「わかってるねんでぇ」

バブル紳士がそんな小競り合いを繰り広げた。東大法学部卒で「興銀のサラブレッド」と称された河原がその喧嘩に割って入って、まあまあ、というのも恒例であった。河原は末野たちとの交遊を役員会でひけらかす無邪気な一面もあり、外面はよかったのだが、回収の見込みもないのに巨額の無担保融資をしたとして、会社が破綻すると、商法の特別背任容疑で逮捕されてしまった。

そのころ接待ゴルフに駆り出されていた元住専社員たちは、住管機構に入るとトクセイと事業部に分かれて仕事をした。

事業部は総勢八百人もいて、正常債権の回収や一億円未満の小口・地方の債権回収を受け持っているのだ。彼らも住管機構の括りでは、トクセイ同様の「債権回収一期生」なのだが、トクセイの班員には悪質、大口の債務者に挑んでいるという自負と、社長直轄部隊という錦の御旗がある。そのために仲間に対するヒアリングになると、その口調がついつい、「なぜこうなったんや」と詰問口調になる。

すると、相手は苦々しい顔でソッポを向く。何言うてんの、あほらしてしゃあない、というつぶやきが聞こえるようだった。手のひら返しをして正義の味方ぶるのが滑稽（こっけい）に見えるのである。だいたい、普通の人間が急に正義に燃えると、碌（ろく）なことはない。勘違いした社員に限って強引な回収を不思議に思わなくなる。

債務者が経営する飲食店に行き、レジに手を突っ込んで取り立てようとした社員がいる——そんな噂が林たちのところに流れてきた。

旧住専の仲間を問い詰めて回収の準備を終えると、命の次に大事なものをめぐって、いよいよ悪質な債務者との危険な攻防が始まった。住管機構内に彼らを呼んで、督促や分割回収の交渉をするのが原則である。その際は、ビデオカメラ、録音装置のある部屋で相手より一、二名多く、必要ならば顧問弁護士、または特別対策部の元刑事たちを待機させることになっていた。出入り口に近いほうに座ったり、非常時の合い言葉も決めておいたりするのも心得の一つである。

「林君、行って一発殴られてこいや」

大阪特別整理部第四班の林に声をかけたのは、大阪府警出身の元刑事であった。

「そしたらパクれるから」

低い、少しふざけた口調だった。元刑事は大阪特別対策部に所属し、同じビルの七階に待機している。もっぱらヤクザやエセ右翼など反社会勢力と戦うのが仕事だ。警察手帳を警察に置いて、この住管機構に出向して来た現職組もいた。特別整理部員と交渉中に債務者が暴れたりすると、会議室の外やモニター室から彼らが飛び出してくるのだ。

特別整理部の林たちが「トクセイ」と呼ばれているのに対し、元刑事たちは特別対策部だから「トクタイ」と言われた。反社勢力からの取り立ては、トクタイとの二人三脚だったのである。

元刑事たちは林たちのいる二階に降りてきて、打ち合わせをしているうちにしばしば軽口を叩いた。彼らにノルマはないが、体を張って将棋の駒になりきっている。

「回収妨害行為排除と回収部門への支援・刑事告発」が彼らの業務である。トクタイで働いた元刑事が言う。

「不良債権というものは、バブルのころに銀行や住専がいい目をみてこさえたもんもありますよ。貸した相手に取り込まれてしもうて、好きなようにされてる。それで、いざ回収となったら、そのときに飲んだり食うたりしてたから、強力な回収、取り立てがでけへん。でも、そのケツは自分たちで拭けや、と思ってましたわ」

そうした冷めた気持ちが彼らの奥底にあり、主力部隊であるトクセイの慎重な動きにじりじりするところもあったのだろう。だが、殴られてこいと言われた林は、「いやですよ」と口を尖らせてみせた。

殴られるところまでいかなくても、林たちは修羅場をくぐっているのだ。股間のものが縮み上がったことが何度もあった。

それはとくに外訪の場合である。訪問先と時間を社内の行動予定表に記入することになっていた。危険であれば、外訪先を管轄する警察や交番に事前連絡を行う、ということになっていたが、その通りにしていては仕事にならなかった。

暴力団の事務所と化しているようなビルにも、トクセイの同僚と調査に行った。「何されるかわからんところによう行かんわ」という人はたくさんいた。だが、督促状を送り付け、遠巻きに見ているだけでは始まらないのだ。

それに「担保物件がマル暴（暴力団）関係者に占有されている」という情報があっても、そこに行かない限り、事実認定はできないし、誰がどのように占有しているかがわからないと、強制執行もできない。だから、事務所を訪ねて素性を明かし、強面の男たちに聞いた。

「あなたは、どういう権限でここに入居されてるんですか。賃貸契約書を見せて下さい」

怖いけれども、一方に「まあ、殺されはしないだろう」と考える開き直りもあった。

「社長、借りたものはきちんと返していただきたいのです」

神戸では、同僚と二人で事務所に行き、岩のように固い体つきの社長と向かい合った。そこは暴力団のフロント企業という情報だったが、やはり訪問が回収の第一歩になるはずだった。

社長はいい度胸やな、とでもいうように、目を細め、林の眉間(みけん)の辺りを睨めつけた。脇の下から背中まで全身の毛穴から汗がどっと噴き出した。体が恐怖に反応するのだ。何とか外に出て、「恐ろしかったな」と同僚とため息をついた。

別の会社では、不動産会社社長に返済計画を持って住管機構に来てくれ、と求めた。すると、社長と面談をした後に部下が現れた。

「林さん、あんたなあ、正義ぶるのはええけども、社長をあんたの会社に呼んだりするのやめときや」

「なんですか」

「社長を怒らせたら、人一人殺すの平気やで」

口の端が薄く笑っている。

「何言ってんですか。必ず呼びますよ、社長は」

そう言い返した。口の中がざらつくような嫌な感じが残った。

回収に行った会社で、社長から火のついたマッチを次々に投げつけられたこともある。蛇のような無表情な男だった。滞納しているのに督促されること自体が気に入らなかったのだ。マッチ箱から一本取り出し、シュッと擦って林に投げつけた。

「なにやっとんですか。あぶないですよ」

と言うと、また一本飛んでくる。

「社長！　やめてください」

語気を強めても、平然と投げる。マッチ箱が空になるまでそれは続いた。

債権回収は、他人の財産を引きはがす作業だ。マッチ投げ社長の行為は犯罪に近いが、それはトクセイ班員が真面目に取り立てれば、それだけ強い恨みを買うことを物語っている。

僕らは、恨みに満ちたコップの瀬戸際を猛烈なスピードで走っているんや、と林は思った。

そんな苦しい仕事のさなかに、林は深い泥沼に引きずり込まれる。日本ハウジングローン九八年に、兵庫県警捜査二課から取り調べを受けたのである。日本ハウジングローンから四十六億円の融資を受けていた取引先が売買契約書類を偽造し、二千六百万円を詐取して逮捕された。その事件を告発したのは林のいる住管機構である。その際、取引先の幹部が「売買契約書は、当時担当した林の指示で書き換えた」と供述したというのだ。不正に加担する動機やメリットが、林にはない。誤解はすぐに解けると思ったが、担当の刑事にはなかなかわかってもらえなかった。まるで被疑者のように調べられ、言い合いになった。

「それは嘘やと何度も説明しているやないですか。そんなに言うんやったら、僕を逮捕したらいいやないですか！」

自宅にも刑事からしつこく電話がかかってきた。

「きちんとお話をしてるやないですか。自宅には電話せんでくださいと言ったはずやのに！」

孤立無援だ、と林は感じていた。トクセイは大部屋に詰め込まれ、ぎゅうぎゅう追われている。同じ班員でもまだ知らない者同士だ。何の世間話もできないので、昼飯も一人で外に出ていた。日本ハウジングローンの同僚は散り散りになっている。住管機構の上司は国税出身者や銀行の出向者で、誰にどう打ち明けていいかわからなかった。

「これは逮捕もあるな」と思って、妻のゆかりにはこう言っておいた。

「もしかしたら、逮捕されることもあるかもわからんけど、それは冤罪やから。別に心配せんでも、すぐに帰ってくるから」

「わかりました」

彼女は抑えた声で言った。ずっとこんなことが続いている。でも、住専が崩壊したときも、何とか生きていける、と信じているうちに、住管機構で働く道が開けた。夫が悪いことなどするわけもないのだから、今度もこの人の判断に任せよう。そう思って、彼女はそれ以上、聞こうとしなかった。

嵐が過ぎると、林は前よりも腹が据わった自分がいるような気になった。

4 「正義」の確信を持て

特別整理部が発足したとき、住専出身者が二人だけ班長に抜擢された。

そのうちの一人が第三班の池田等である。残る班長はすべて銀行出向者だった。銀行出向者の中には融資業務をやったことがない人もいたが、住管機構では能力を判別する時間や余裕がなく、はじめから出向者を組織の上位に配置することが決まっていたのだった。

「やり手らしいが、変わった班長だ」。下國士郎は、池田を見るたびにこう思っていた。

――「そうか、そうか」と銀行で判を押してたような偉い人が、トクセイに来たって役に立たないんだよな。銀行実務を自分でやっていたのはずっと昔のことで、融資業務を知らなかったり、回収の力がなかったりする人もいる。まあ覚えればいいんだが、今日が交渉、明日が山場という中で、実際に「さあ、どうしてくれる」と相手の事務所に行くわけだ。度胸もいる。トクセイが相手にするのは、反社会勢力もいて企業舎弟もいる。そこに乗り込まなければいけない。銀行出向者はそんなリスクがあるとは思ってない。それにくらべると、池田たち住専出身者は「自分たちが貸したんだから」という切迫感があるんだよな。

下國はやがて特別整理部次長となるのだが、仕事が溜まって土、日に出勤すると、たいてい池田が先に来ていて、書類の山に顔をうずめていた。いつも悲し気な顔をしている。

彼は上司に、班長などやりたくない、とごねたのである。一番大変なところをわざわざやることもないし、中坊に叱られるのもいやだった。すると上司はこう言った。

「池田さん、これはな、年の順にやるのや」

それで、しゃあないなと観念した。

池田が任されたトクセイ第三班は、朝日住建などの債権回収を担当したが、背負ったのはそれだけではない。末野の法廷に、検察側証人として立つ決意も固めていた。

暴力団関連の回収業務も多かった。関係者の記憶では、山口組の数人の幹部がトクセイの債務者に含まれていた。一番辛いのは現場を歩く七人の班員である。組事務所やフロント企業にも出向かなければならない。池田は、ここぞというときには二人の担当者に加わることにしていた。三人で事務所の前に立ち、

「大げさにしないように、中に入るのは俺一人にしよう。三十分経っても出てこなかったら警察に電話してや」

あいつはやっぱり暴力団に強い、と噂になったのは、そんなところから来る誤解である。万一のときには、トクタイや警察がいるし、旧住専時代の苦しさを思うと、回収なんて天国のようなものだ、と池田は考えることができた。

休日出勤する池田の視線の先には住専時代の部下がいた。池田は「先の望みのない会社には行くな」と言いながら、日住金の特別回収隊にいた部下を住管機構に連れて来ている。

「お前とお前、それにお前も俺と一緒に行くんだ」

五人を指名したら、誰も嫌だとは言わなかった。その部下たちのためにも、しっかりしておかなあかんな、と思っていたのだ。

暗澹たる思いで飛び込んだ回収の現場である。「そんな仕事に熱が入るわけがない」と批判する学者や弁護士もいた。※8ところが、日が過ぎるにつれ、殺伐とした空気のなかで、林や池田のように回収に熱意を示す者が少しずつ増えていった。不思議なことだが、人間は意欲が湧いた結果として仕事をするのではなく、迷ったり苦しんだりしながら仕事に取り組んでいるうちに、意欲が湧くことがあるのだ。

そして、旧住専時代には放置されていた仕事が、各地の住管機構の社員の手で掘り出されていった。

北九州市小倉北区には暴力団関係者が巣くう七階建て、二十九戸のマンションがあった。住管機構が、住専の一つ「住総」から譲渡された債権の一つである。コンピューターソフト制作会社「佐藤三和本店」に融資した二億二千万円が焦げ付いたため、住総が競売にかけたのだが、暴力団関係者に占拠されていることから買い手がつかなかった。手をこまねいているうちに、住総は解散してしまう。

住管機構福岡支店の社員は、住総の支店長からその反社物件を引き継いだときの光景を忘れることができなかった。薄暗いマンションは荒れ果て、生活感が感じられなかった。最後の支店長はそこには入らず、入り口近くからあきらめきったように言った。

「ここは暴力団の巣と化しています。危険だから中には入らないで下さい」

中では、事件屋らが家賃を集金し、十三戸に暴力団関係者が住んでいたのだった。住管機構の社員たちは十ヵ月をかけて、その巣窟（そうくつ）へ突入する準備を整える。そして九七年七月二十二日午前九時、十一人の裁判所執行官、八十人の警察官らとともに強制執行に入った。マンションの暗部とは対照的に、機動隊が待機する路上には強い陽が照りつけている。突然の立ち退きを拒否する暴力団組長を見つけて説得し、怒声を上げる面々を一人ずつ排除し、全部屋を開放するまでに十一時間をかけた。

このとき、住管機構の社員たちが近くの神社に走り、神主をマンションに連れて行ったことは、ごく一部の関係者しか知らない。組長の神棚が二部屋にあったのだ。神主が神棚に向かって二礼二拍手一礼し、「掛けまくも畏（かしこ）き……」と祝詞を上げると、組長ら社員たちが一斉に頭を垂（た）れる。そして、神棚の引っ越しにこぎつけた。※9

下國はその報告を聞いて、組事務所の執行をするときには神主を呼ぶことにした。特に、指定暴力団山口組系列では、「神棚だけは守ってくれ」と求められることが多かったのである。以来、神棚や仏壇を取り払うときにはきちんとお祓いをすることが、現場のしきたりのようになった。下國の記憶では、神棚撤去は四件ほどあり、神主には一万円程度の謝礼をした。これが僧侶となると、けた違いのカネがかかるのだという。神主への謝礼が少ないのは、中学、高校の教師のような副業を持っている人が多く、多くは取らないからだと聞かされたが、これはあてにはならない。

回収をめぐる悲喜劇は全国各地に広がっていった。悪質債務者を〝塀の中〟まで追いかける社員もいた。「特定回収困難債権」、あるいは「反社債権」と呼ばれる借金持ちの面々は、刑務所にいることも多かったのである。大阪事業部の社員は、彼らが収監されている刑務所にせっせと訴状を送りつづけた。これはかなり後のことだが、その受刑者から「返済したい」という答弁書が届き、実際に全額を一括返済して、社員たちを驚かせたこともある。

暴力団の報復を恐れて出勤できなくなった職員も出た。それまでは暴力団事務所にも乗り込んでいたのだが、ある時、自宅近くに駐車していた車が壊された。そこに暴力団の影を感じたようだった。彼らは自宅まで見張っている、という恐怖が、足をすくませるのだ。

京都では、敷地五百坪の五階建てビルを不法占拠したおばちゃんの一家五人を、一日がかりで強制退去させている。

一家は、ビル一階に二十席ほどの屋台風焼き肉屋を勝手に開いて、二階で暮らしていた。この日も住管機構社員や京都地裁の執行官、担当弁護士らの通告と説得を無視しつづけた。玄関を開錠するだけで一時間、それからさらに一時間を経て、しぶしぶ説得に応じたと見せかけ、おばちゃんはライターを持って店に立てこもり、「ガスボンベに火を放つぞ」と抵抗した。

京都府警が何とかなだめて、延べ五十台の運搬車両と二十人の作業員を動員して作業していると、彼女は屋上の物置に逃走した。十五人の刑事や警官たちに見つかると、とうとう降参したように装った。

「やれやれ。なんということや」

「地元でも有名な女傑らしいな」

そんな声が出はじめたとき、おばちゃんは出口のシャッター扉ぎりぎりに車を乗り付けたと思うと、キーを抜いて逃走した。車をバリケード代わりにして、社員や刑事たちを中に閉じ込めたのである。怒声があがり、そしてついに公務執行妨害の現行犯で逮捕された。※10

人間にはそれぞれに生活と事情があり、そこに土足で踏み込まれたとき、たとえ違法であろうと、恐ろしいほどの執念を燃やし嚙みつくのである。

間もなく、「日本で不良債権を本気で回収しているのは、ヤクザと住管機構だけだ」と言われ出した。恐ろしいのは闇勢力の反撃である。阪和銀行副頭取の射殺事件や住友銀行名古屋支店長の殺害事件が起きた後も、多くの銀行がバブル期の不動産融資を回収しようとして、融資先とトラブルになっている。

社長の中坊は、毎月二十六日を「セキュリティの日」と定めるとともに、回収心得を記した携帯用のカードを社員に持たせた。「応対ポイント」と印字されたその紙のカードには、都道府県警察本部刑事部や警察署暴力団対策係の担当者と連絡先が記され、その裏に次のような「職員としての気構え」が太字で強調されていた。

1、我々は「国策」を実践する。

2、自分は「正義」だとの確信を持つ。

3、「借り得」や「資産隠し」は絶対に許さないとの強い「気概」を持つ。

そして、トクセイの面々は、自分の体を自分で守る術も身に付けた。誰もが駅のホームで前列には立たなかった。電車が滑り込んでくるまで、足の重心を後ろにかけるのが習慣になったという者もいた。

住管機構の設立から早くも一年四ヵ月が過ぎようとしていた。

中坊は「リメンバー・ジューセン」と訴えていたのだが、彼が心配した通り、住専処理に六千八百五十億円の公的資金が投入された悪夢や、住管機構の社員たちがその後始末に追われていることは忘れられようとしていた。彼は九六年の社長就任の記者会見で、記者たちにこう言っていたのだった。

〈わたしは、「リメンバー住専」と言葉を書きました。わたしは、もう一度住専を思い起こして下さいと。おそらく、世間の大多数の方々は、「住専処理法が通って、ダメや。納得はいかんけど、もう終わったなあ」という感じをお持ちじゃないかと思うのであります。そして、むしろ「あんなイヤな事は忘れよう」と、こういうような気分になられるのではないかと思うのであります〉※11

ところが、九七年十一月、国民が危うい不良債権時代に生きていることを、久しぶりに思い起こさせる事件が起きた。三洋証券、北海道拓殖銀行の破綻に続いて、四大証券の一つだった山一證券が自主廃業を発表したのである。それが特に強烈な印象を与えたのは、山一最後の社長となった野澤正平が、自主廃業の発表会見で、「社員は悪くありませんから！」と泣いて叫んだ、あまりに日本的な光景のためである。

百年続いた老舗企業の社長が号泣しながら、「お願いします。社員が再就職できるようお願いします」と頭を下げる写真は、全世界に発信された。米紙ワシントン・ポストはその写真を添えて、〈“Goodbye, Japan Inc.”（さよなら、日本株式会社）〉という社説を掲げている。

確かにそれは、日本の終身雇用と年功序列の古い時代が終わったことを告げる涙だった。その涙から一ヵ月後、政府は総額三十兆円の公的資金投入枠を設けることを柱にした金融システム安定化策を決定した。

住専処理以来、公的資金投入はタブーだったのだが、六千八百五十億円の実に四十倍以上の公的資金投入が、あっさりと決まった。だが、金融不安はなお消えない。翌九八年には、戦後経済を牽引した日本長期信用銀行までが崩壊し、十月には初の銀行国有化が適用される。バブルの崩壊から七年、政府の無策は、日本の金融システムに戦後最大の危機をもたらしていた。

そのために、中坊と住管機構の面々は、日本の債権回収を一手に引き受けることになってしまった。住管機構が整理回収銀行を吸収合併して、後述する「整理回収機構」を創設することになったのだった。

第四章
不良債権は逃げている

1　海外逃亡したって！

京都・東山の高台寺圓徳院の並びに、白い壁を巡らせた二階建ての老舗旅館があった。屋号を「力彌（りきや）」といった。圓徳院は豊臣秀吉の正妻ねねが余生を過ごした塔頭（たっちゅう）寺院で、石畳で囲まれたその一角は、暮らしの匂いがどこにもなかった。枯れた隠れ家風のところが好まれたのか、力彌は映画『失楽園』の撮影の舞台にも選ばれている。

それは、力彌の主人亡きあとの出来事である。

この旧家の長女が猛々しい不動産業者と結婚する――という話は、驚きとともに親戚中に広がっていた。母親であり、格式の守り手でもあった女将は騒ぎに収まりをつけるべく、親族会議を開いた。渋面で親族たちは駆けつける。

そして、女将の側に立って、次々と結婚に異論を唱えた。

「相手は、どこの馬の骨ともわからん奴やないか！」

「何を考えてるんや、お前は」

長女はずらりと並んだ親戚をおっとりと見渡した。

――まるで映画のシーンのようやわ。

「馬の骨」とは、後に「京都五山」の一人に挙げられる西山正彦のことである。京都仏教会の参謀として登場するのはこれから十数年後のことだが、彼は力彌に通いつめ、とうとう長女を口説き落としていた。

長女に西山を引き合わせたのは、京都のフォーク歌手として人気を集めた杉田二郎である。杉田は一九七〇年に反戦歌『戦争を知らない子供たち』を唄って大ヒットさせているが、もともと西山とは立命館高校の同窓で、その後も家族付き合いを続けた。

長女は当時二十七歳。兄、妹の三人きょうだいで、カネの苦労はもちろん、掃除や洗濯をしたこともなかった。地元のミッションスクールを卒業した後、得意のピアノと美声を生かし、地元で人気のバンドを組んでいる。学園都市の平和反戦運動の高まりのなかで伸び伸びと育ち、自由を渇望していた。古い家を出る、そこから自分の人生を考えよう、と思っていた。

その箱入り娘に向かって、親族たちは、西山の出自を言い募った。前述のように西山の両親は韓国人で、滋賀から京都の三十三間堂近くのしもた屋に移り住み、植林や鉱山の仕事をしていた。しかし、長女はあまり気に留めていない。友達にこう漏らしている。

「あの人がラブレターをくれはったときに、Ｐってローマ字で書いてあった。ｐａｋだったかな、何処の人やわからへんかったのを覚えてるわ。それを見るまで、そう

（在日）いうことにあまり私自身が興味なかった。（差別への）反発や反骨心ではないですわ。まっすぐ見なあかんと思う。で、まあ、ええかあ、思うて」

手紙にあった〈ｐａｋ〉の署名は、西山の本名だった朴銀済の朴をそのままローマ字で記したのだろう。

彼は長女と結婚した後、日本に帰化するが、自分の出自や生活を隠すことがなかった。後の京都古都税の騒ぎの最中でも、新聞のインタビューに応じて、両親のことや厳しい躾けについて語っている。さらに敬虔な仏教徒だった母親が、韓国の慶尚南道に月光寺という百五十坪の寺を建てたことまで明らかにした。

親族会議で非難を受けたときも、西山は堂々と胸を張り、親戚たちに向かって啖呵を切った。

「お嬢さんをもらいに来ました。結婚しても、お嬢さんと生涯一緒にいるかどうか、先のことはわからへん。でもたとえ別れることになったとしても、おカネでお嬢さんを困らせることはしません」

そして、鞄一つで家を出た長女を、西山の持つ京都御所近くの大きなマンションに住まわせた。結婚式のようなものはなかった。傍目には、危うく、打算のない大恋愛だったのである。

結婚後も、長女の少し浮き世離れしたところは変わらず、周囲を和ませたり、はらはらさせたりした。物事に動じない西山を驚かせたこともある。

結婚から二、三年後のことである、西山が帰宅すると、なぜか、ヤクザが三人、応接間に座っていた。さすがに西山はびっくりした。子供もいる。夏のことだったから、シャツの下から入れ墨が見えていた。ところが、西山の帰宅が遅れたので、彼女は寿司を取り寄せて食べさせていた。

彼女はそれまで入れ墨など見たこともない。

――彼女は近視なので、わからんかったんやろか。

西山はそうも思ったのだが、子供もいたので、思わず「お前、おかしいのに決まってるやないか」と言ってしまった。そして、新聞社の記者にこう漏らした。

「そのヤクザのおっさん、私が遅れたさかいに、嫁さんから寿司を取ってもろて食べてる。そらまあ、向こうにしたら、何でこの家こんなにお茶は出してくれるわ、寿司はくれるわ、おかしな家やなあ――と思ったでしょうな」※1

だが、思わず笑みを浮かべたくなるような妻であり、差別をものともしない熱愛であったのに、三人の子を生したあと、二人は離婚という結末を迎える。

西山は家庭でも独裁者であったという。「要するに、釣った魚に餌を与えん人でしたわ」という人もいる。離婚の原因については、彼女ですら、「よくわからんの」と答えるのだ。ただ、いまになってみると、別離の引き金の一つはあれだったのかもしれない、と思うことがある。

「西山が『海外に住まへんか』と言い出したの。バブルの後かな。海外に住む気ないか、しつこく聞くのよ。私はハワイの別荘で暮らしたこともあったけれど、ずっと住むのはいやや、大っ嫌い、と断っていたの。それで（海外に）一緒に住む人を探して、会社の事務の女性を連れて行ったんちゃうか」

西山がその女性と海外へ消えたのは、彼女と離婚してから数年後のことである。前にも触れたが、彼が経営する不動産会社「ペキシム」は、第一勧業銀行からの約百億円に加え、住専の一つである「住宅ローンサービス」から百八十六億円の借金をしていた。出奔は、その債権を譲り受けた住宅金融債権管理機構から厳しい取り立てを受けていた最中だった。

突然の出奔だったから、大阪トクセイは虚を衝かれ、下國たちは地団駄を踏んで悔しがった。

「強制執行を免れるための逃避だ！」

もう一歩のところまで追い詰めていたのだった。それを知った中坊は顔色を変えて怒った。出奔の直前の出来事を、下國はよく覚えている。九七年四月の晴れた朝だった。

大阪トクセイの十数人が駆り出されていた。その一人に、下國と同じ富士銀行から出向した津田敏夫がいた。トクセイの不動産グループ班長兼遊軍という立場にあった。津田は大津地裁の執行官やトクセイの班員らと琵琶湖畔に来ていた。

西山が大型ショッピングセンターの建設を目指す、滋賀県大津市萱野浦（かやのうら）の予定地である。新聞記者やテレビクルーが、約二万平方メートルの敷地の入り口に待ち構えていた。

「京都の怪商」と呼ばれた西山の不動産会社は、巨額の融資を受けて焦げ付かせているが、彼はこの土地に最後の事業家人生を懸け、第二期工事に取りかかっていた。彼の目には事業としては順風だと映っていた。第二期工事の場所全部をホームセンターに貸す算段を付け、手付け金も受け取っていたという。

光を浴びて白く光るむき出しの土地の一角で、クレーンが動き、トラックが待機している。だが、そこは融資の担保に入っている土地で、住専債権を譲り受けた住管機構は黙っていなかった。

「西山のショッピングセンターの建設は一方的で、ビルが完成してテナントが入れば、権利関係が複雑になって債権回収の妨げになる」として、土地の競売を申し立てるとともに、午前九時、プレハブの作業事務所にいた工事業者に対して工事の中止を命じた。立ち入りができないように、津田らトクセイの社員が杭を立て、裁判所の公示書を掲示する。

西山が住管機構と全面対決して、海外に何十億円単位で資産の移動をはじめたのはこのころである。もう国内では事業すら難しい、と判断してハワイに逃れたのだった。人生のターニングポイントとなったその事件について、西山はこう考えていた。※2

――これには土地と建物で三十億から四十億円もかかるのに、住管機構はたった五万円か五万五千円の訴訟保証金で工事を止めよった。一斉に工事人が引き上げ、まったく駄目になった。そのまま工事を続けて事業化すれば、それを売ることも、年間の収入で金利を払うこともできる。でも、もう無理や。海外に出るしかあらへん。

西山なりの返済計画書を住管機構に提出していたのだ。だがそれは、中坊の言う「五年、あるいは七年で全額返済を展望した返済計画書を出しなさい」という要請とはかけ離れた内容である。せっかく再建しようとしていたのに、中坊と住管機構につぶされたという思いが、彼にはある。

「正義の味方面しやがって、という気持ちだったんやろね」とトクセイの社員は言う。

それは、津田にとっても強く記憶に残る現場となった。西山は悪質債務者と見なされていたが、住管機構の決断が、企業と大プロジェクトを破滅へと追い込むことを目の前で体験したからである。

　対する西山も、周到な準備をして戦いに臨んでいた。トクセイとの債務返済交渉がこの一九九七年に決裂すると、資金を複数の関連会社の口座に移動していた。もちろん商取引を装っている。それが海外隠匿の始まりだったことが後で判明するが、当時、その疑惑を問いただそうにも、本人はハワイに逃れ、消息不明なのだった。

　やがて、出国記録から、西山がカナダにも頻繁に訪れていたことがわかった。西山の個人口座から出た金はカナダの銀行にも流れ、彼はバンクーバーのバークレー通りにマンションを購入し、女性と生活をはじめていた。

　彼はそれまで「わりかたストイックな生活をすることが好きなんや。だからおカネがかからない」と公言していたが、そのマンションは最上階のペントハウスで時価三億円と言われている。

「欲しいものはないが、自分が欲しいものを我慢するかというと我慢しません」

　とも彼は語っていたので、ホテルのような高級マンションは長期の逃亡生活には必要なものだったのであろう。

　さらに追跡すると、彼は一年のうちカナダで半年、数ヵ月は別の国で暮らし、日本に四、五ヵ月も戻っていた。出入国の記録からそれは突き止められたのだ。京都では、側近の自宅隣にある実姉の家で寝泊まりしているようだった。

究極の節税スキームに、「パーマネント・トラベラー」という手法がある。直訳すれば「終身旅行者」だ。日本と海外を行き来したりすることによって、税金をどこにも払わないまま、永遠に旅行を続ける富裕層のことである。西山はそれに似た、海外との二重生活を女性と続けているのだった。

だが、それがわかっていて、下國たちは手が出せなかった。海外のどこかにあると思われる彼の隠し資産が見つけられず、隠匿の確たる証拠も証言もまだ、得られなかったのである。

これこそが、西山が海外に出奔した意味というものだ。

2 がんばりマッセ

——わしは西山のような不動産業者とは違うんや。

末野謙一はそう言い張っている。自分はバブルに便乗したわけやないし、そもそも資産を隠してへんわ、というのだ。

「それは、（無記名の）割引債を買ったり、別に作った会社にカネを貸し付けたりしましたよ。貸付金にしとけと言うたのは僕ですよ。でも、それは裏金やない。会社の帳面にきちんと載ってます。足立が資金分散のためと証言したことになってるかも知らんが、それは検事の作文ですわ。単純明快、隠してないからばれたんです」

そして、もっと賢い人がおったらね、と言って、ワハハハと笑ってみせた。

彼にとっての資産隠しとは、西山のように海外に口座を作って巧みに追跡を絶つことなのである。ただし、これも知人たちに言わせると少し違ってくる。要するに、末野は自分の目の届くところにしか、金目のものを置かないのだ。

「彼は海外やプライベートバンカーなんかを使った資産隠しができんのですわ。自分の不動産物件にしても、はじめは地元の大阪に集中していましたよ。それは商売人としての勘なのか、それとも他人に任せられへんのかはわからんが、末野は、何かあるとすぐに駆けつけることができるところにカネやモノがないと、気が治まらへんのですわ」

同時に、末野はしぶとく、かつ現実的な質（たち）である。これは関西の業者全般に言えることだが、トクセイ班員たちは、関東と関西の債務者気質をこんな風に表現していた。

「東京の借り手は、回収交渉の席に着いて、理屈が通っていれば回収額の多寡（たか）についてはあまり言わないんですわ。建て前の世界や。ところが、関西の債務者たちは『なんぼ返せばええねん』と交渉をはじめ、話がまとまっても、そこから『まけてくれへんか』と値切りに来る。理屈を求める東京と、本音で食い下がる関西という違いはずっと感じていたな」

おまけに、末野には「不動産管理はわしだからできる」という自負がある。末野グループは三十六社、一時二百六十棟のビルを抱え、摘発後も家賃収入だけで年間七十億円も入ってきた。ノウハウがあるからここまで来たのだ。そのビル管理が住管機構なんかにできるか、と思っている。そして、時が過ぎるほど、暴落した地価が回復すると見込んでいたので、交渉をぐずぐずと引き延ばしつづけた。

ところが、住管機構が「資産隠しはしてへん」という末野の周辺を、預金保険機構の力を借りて徹底的に調べると、二百二十二億円の割引債に続いて、十四の銀行に二十社を超える名義で分散していた約七百億円の預金が見つかった。ほかにも、五社の名義を利用して不動産の仮装売買を繰り返したり、多額の預金小切手を隠していたりしたことも明らかになった。また、二百億円の資金や割引債を複数の弁護士に預けていたことまで発覚した。

彼は九六年九月に保釈されていたが、その保釈金十五億円も弁護士に預けた資金の一部だったのである。部下三人の保釈金五億円とともに、たちまちトクセイに差し押さえられたが、わかっただけで隠し資産は、約一千三百億円に上った。旧住専から借りたのは二千五百億円だから、半分は見つかったことになる。

問題の一つは、その残りをさらに追及しなければならないことだ。そして、もう一つは、見つけたその隠し資産やダミー会社名義の不動産をどうやって取り立てるかである。見つけただけでは回収したことにはならないのである。

図々しい末野は、「会社の生き残りを前提に、任意整理をさせてほしい」と住管機構に求めていた。末野に言わせるとこうだ。

「中坊さんたちが言うのはね、誠意を見せてくれ、ということや。『私も誠意を一生懸命出しとる』と言いましたよ。ただ、私とは考え方が違う。彼らは、はよ処理してしまおう、と思っていたが、うちの物件はみないい場所にあるから、いまは安いけど、もうちょっと先なら高く売れるんや。あれを持ってたら借金を全部返せる。だから、その時間稼ぎをしたかったんや」

口では「回収に協力する」と言うのだ。だが、高級クラブ通いはやめず、賃料収入やパチンコ店など別会社で得た収入も返済に回さなかった。「話し合いでの整理」と言っても、やはり時間稼ぎに過ぎなかったのである。彼の心の中には、末野興産は簡単につぶせるもんやない、一時は住専も救おうとしたわしの会社や、という気持ちがあった。

中坊が思い悩んだ末に、この年十一月に選んだ道は、末野の財産管理権を奪い、末野グループを解体することだった。つまり、任意整理を蹴飛ばして、末野興産の破産を申し立てたのである。

この破産手続きを進めると、残った資産を債権者たちで平等に分けることになるため、住管機構の回収額は保全した資産の金額よりもかなり少なくなる。末野興産に債権を持つノンバンクなどが関連倒産をする可能性も出てくる。回収実績を挙げるためには、やはり末野と話し合って、保全した額のすべてを回収することが一番なのだ。

だが、中坊は社員たちにこう訴えた。

「我々は利益を上げるために働いているのではなく、国民のために取り立てをしておるんですよ。汚い人とは手を結んだらあかん。末野のような悪質債務者と馴れ合ったような回収は、たとえ金額が増えても行うべきでないですよ。ほかの債権者のことは、私たちの視点の内にはありません」

破産管財人として選任された一人が、会社整理の専門家だった田原睦夫※3である。田原は中坊の一回り以上も年下だったが、中坊と同じく京都大学法学部を卒業して大阪弁護士会に所属しており、辛辣で歯に衣着せぬ物言いをした。田原は、末野に向かって、

「あなたは起訴されてもまだ、銭を隠しとる」

とはっきりと宣言し、猛然と資産整理をはじめた。それまで末野の宿敵は中坊だったのだが、田原の登場でもう一人増えて、二人になった。

あの管財人はもう信念みたいにこり固まってる、と末野は思って、仲間に愚痴った。

「田原はな、隠してるのが、一千億や二千億もあるというんや。わしは隠してないと言ってるのに。だいたいな、田原や裁判所は、朝礼しているときに乗り込んできて、いきなり『末野興産、今日から破産ということです。末野さん、足立さん、みなさん、全員破産です』と言いよって、いま持っている財産も出して下さい、ポケットになんぼありますか、というねん。わしはこれが全財産ですと言ってな、ポケットにあった百十円を出したんや」

後に田原は最高裁判事になるのだが、そのとき、末野は「あれはな、うちを破産させて成績上げよったからや」と憎々し気に語った。ちなみに、判事時代の田原は、卒業式の「君が代」斉唱時に教諭を起立させる、学校長の職務命令をめぐる訴訟で、「合憲」とした多数意見に対し、反対意見を述べている。「斉唱の命令は、内心の核心的部分を侵害する可能性がある」というのだ。大変な硬骨漢である。

田原たちが末野興産に乗り込んで五ヵ月後、中坊や田原はこの破産手続きを中止して、会社更生手続きへと切り替えた。末野興産は膨大な数の不動産を抱えて、多数の抵当権者が複雑にからみあっている。会社更生法は通常、会社再建のために適用されるが、破産手続きのままでは不動産の一括売却は難しく、それらの処分を早く効率的に済ますために、会社更生手続きという清算手段を取ったのだった。

このとき、田原は再び管財人に選ばれている。彼がやったのが、社名変更であった。末野興産を「マッセ」という社名に変えたのである。マッセとは、関西弁の「がんばりまっせ」から取ったという。回収に頑張りますよ、というわけだ。

いままでさんざん中坊や田原を怒らせてきた末野が、今度は激怒した。末野興産も、彼のブランドである「天祥ビル」も消え、完全に管財人の会社になってしまったのだ。

――田原が考えてマッセを作ったんやろう。それを裁判所が「末野という売りにくい名前やったら消しまひょか」と認めたのだろうが、マッセなんて、ふざけた名前や。看板を付け替えるのに二億円もかかったというやないか。買う側には、末野でもマッセでも同じことやないか。

末野は腹立ちまぎれに田原をつかまえ、「あんたね、やってることがこすいやないか」と言い放った。

彼の名を聞くと怒りで胸が波立つようで、腹が煮えくり返るわ、といつまでも嘆いた。泣いたことのない末野が「涙が出まっせ」というのははじめてのことである。もちろん、涙を流したわけでもなかったのだが。

3　仕事が降ってくる

〈闘へ。闘ひは生の花である〉と書いた社会運動家※4がいる。だが、債権回収に走るトクセイ班員の肩には、闘えば闘うほど仕事が降ってきた。

それは、住管機構が一九九九年四月、破綻金融機関の受け皿だった「整理回収銀行」を吸収し、日本の金融機関の不良債権処理を抱え込む「整理回収機構」となったからである。

一千三十一人の住管機構はそれまでの二年八ヵ月間に、約一兆五千五百億円の債権回収実績を挙げた。ところが、「官」主導で銀行などの不良債権を回収してきた整理回収銀行は千五百四十八人もいたのに、住管機構の五分の一ほどしか回収できていなかった。整理回収機構でも初代社長となった中坊公平はその実績に不満を抱きながら、回収銀行が残した約一兆九千億円の債権を譲り受けた。

「うちの会社並みに、整理回収銀行の社員のレベルアップをはからんとあかん」

と中坊は批判したうえで、回収銀行出身の取締役に代表権を与えず、すべての主導権を握った。このとき、「整理回収機構の創設及び運営に関する基本指針※5」のなかに、中坊流の一項が盛り込まれている。「大蔵省・日銀出身者は、退職五年間に限り、整理回収機構の役員に就任させない」という一文である。官僚の天下りに歯止めをかけたのだ。もっとも、中坊が去って時間が経つと、この一項自体が忘れられていった（現在の回収機構は、「いまはそんな一項はありません」と言っている）。

これに、整理回収銀行の幹部たちが反発した。彼らに言わせると、「こちらの債務者は小口の企業が多く、強引に回収すれば地域経済に悪影響を与える。取り立て専門の住管機構とは役目が少し違う」というのである。中坊に辞表をたたきつける、と息巻く役員も出た。はじめから荒れ模様の再出発だったのである。

しかし、回収機構の現場にしてみれば、合併したために回収銀行が回収できていなかった債権を背負い、さらに新たな銀行、信金、信組がつぶれるたびに、引き継いだ金融機関が受けない不良債権ばかりを取り立てることになった。

特別整理部は、整理回収機構の下で、特別回収部と改称され、「トッカイ」と呼ばれた。大阪のトッカイ初代部長には下國が任命され、池田はしばらくすると副部長に就いた。下國が仕事を溜めて土、日に出勤すると、またもや池田や林が先に出てきていた。仕事が終わらないのだ。

林は副班長を経て、第四班の班長に抜擢されている。最年少の班長である。だからといって、張り切って仕事をするという現場ではなかった。さらに、整理回収機構になって、社員が倍増した分だけ仕事量が増えていた。

班長職は銀行出向者から、主に住専出身者へと次々と入れ替えられた。

下國は中坊らに「もう偉い人はいりません。実働部隊なのだから、実戦で働ける人を下さい」と強く求めていた。生まれ変わった大阪トッカイは八班から九班に増強され、班員数も七、八人からほぼ倍増した。総勢は百六十人。弁護士を入れると百八十人の部隊だ。

彼らは旧住専債権と、破綻した信組や銀行の不良債権回収を任され、いくら仕事をしても終わらないという泥沼に浸かった。

林の場合、土曜日はほとんど出勤した。日曜日まで出ても班長以上は残業手当が出ない。十三人の班員から毎日、稟議書や回収をめぐる面談・電話応対記録が上がってくる。

トッカイの大部屋はもうもうたるタバコの煙に包まれ、彼らの未来のように向こう側が見通せなかった。それでも多額のカネと債務者の命運を握る稟議なので、山盛りの灰皿を脇に置いて、見落とさないように熟読し、稟議書に手を入れ、コメントを付けて指示をする。

それを、ひっきりなしにタバコに火をつけながら池田が見た。ところが、万事に細かい池田も（下國がこんなことを言うだろう）と思われる部分は、指示を仰ぐ意味もあって、あえて残しておくので、下國のチェックに引っかかる。厳格な下國は「アカマル親父」と呼ばれていた。班員の上げてきた稟議書を一瞥するなり、愛用の赤青鉛筆を握りしめるからである。まず鉛筆の赤いほうで問題個所にバーッと線を引き、青いほうで〈なんで?〉〈意味がわからん〉と殴り書きをした。

退任した専務の朱雀井亮や初代特別整理部長だった大澤幸忠には優しいところがあり、「まあ、いいや」と言ってくれたのだ。ところが、下國はごまかしが見えると怒り、ねちねちと矛盾点を突いて、稟議を通さない。

下國が得意な剣道で言えば、小手を打ってくるのだ。上司の印鑑をもらうために仕事をするのはおかしなことなのだが、下國が通せば彼が常務の印鑑まで代わりに押すこともあった。それを班長たちは知っているので、ため息をつきながらも稟議を書き直しては再決裁を仰ぎ、また小手小手攻撃に跳ね返される。その厳しさが、寄せ集めのトッカイ部員をまとめあげていった。

ただし、その下國を経ても、社長の中坊公平の目がさらに光っている。大口、悪質のトッカイ案件は、依然として社長直轄案件だった。中坊は専務の中島馨を同席させ、班長の報告を直接聞く。

気に入らないと、「あかーん」と一声、ファイルをぽーんと投げたり、「ションベン行ってくる」と言い残して帰ってこなかったりした。中島は大阪で名の通った老練の弁護士で、中坊に請われて入社しているのだが、しばしば中坊のサンドバッグになった。だから、「俺は中島さんのほうが好きやな」と言う班員もいた。弁護士を交えた会議でも、中坊は変わらず罵倒した。中坊が机をドンと叩いて怒鳴る。気の強い弁護士がたまに「それは何や！」と机を叩き返し、トッカイの社員らが顔を見合わす。見かねた中島や年かさの弁護士が、「大人げないことやめようやないですか。社員が凍り付いてるやないか」と間に入ったりした。

林は中坊を敬愛している。中坊のアドバルーンのおかげで、いままで下を向いていた元住専の社員がちょっと上を向いた。強烈すぎる個性には愛すべきところもないではないし、「神は現場に宿る」とか、「銀行の関与者責任は百罰百戒であるべきや」とかうまいことも言う。現場を歩いて徹底回収し、銀行の責任も厳密に追及することが国民の期待に応えることなんや、というのだ。だが、彼と林たちの直接会話は成り立たなかった。

「そこはどうなんや、林君？」

中坊が尋ねる。ああ、そこはちょっと、と少しでも言いよどむと、

「ほならもうええわ、終わり。あんたごめん。帰りィ」

それで本当に終わりなのである。そんな夜は、中島がトッカイの部屋をのぞき、「メシ喰って帰ろうか」と声をかけた。下國が「おーい、行くぞ」と言い出すこともある。下國は外でも仕事の話ばかりだ。「林君、あれ何で差し押さえをしないの」と

小声でささやくのだが、土曜日も働く林たちにとって、仕事の後の居酒屋だけがオアシスだった。一方の下國も、酒場で気持ちを切り替えないと翌日の仕事に向かえないのである。

林たちの行きつけは、トッカイの本拠のビルから歩いて十分、船場センター街地下の安い飲み屋や向かいの中華料理屋である。ホルモン炒め、もろこし天、ミックス焼鳥と並ぶメニューとともに、店の壁に貼られた色紙がすすけている。岡田彰布は何とか読めるが、阪神タイガースの選手たちのサインは、たいてい誰のものか、判別不明だ。そこにちらりと目をやって、林は「日本酒！　淡麗辛口をちょうだい」と叫ぶ。

トッカイの班長になる前は、先輩に「冷酒は頼むな！　焼酎を飲め」と言われたものだ。林は少し値の張る清酒の八海山や立山、玉乃光あたりが好きなのだが、割り勘なので、林だけに高い酒を注文されると、「みんなが割（割り勘）負けするからな」というのだ。

残業でくたくたになったあとに、毎日これでもかというぐらい飲んで、寄せ集め同士が腹を割る。愚痴がこぼれる。林は別の班の班長と連れ立って行くと、たいてい口げんかになった。それがわかっていて、最後にトッカイのビルにカギをかけ、二人で飲みに行った。林が言う。

「なんで、お前はいつも怒ってんのや」

「しょーもないわ。僕はな、いやいや来てる銀行出向者が嫌や。中途採用モンも拗ねてばかりやないか。結局、僕らがやるしかない」

「まあ、ええやないか」

「正直、もうオーバーワークや。しょーもない」

別の班の班長を慰めているうちに、「しょーもない」の連発が耳ざわりで言い合いになる。

「苛々してんなあ。怒る気持ちはわかるで。お前はそれでええから、もうええやん」

「僕は奴らの厭世観というか、『まあええじゃん』みたいな冷めたところが腹たつわ」

「そんなにぶつぶつ言うんなら、会社を辞めたらどうや！」

泥酔して、帰宅途中にけがをする者も出た。それでもゆとりのまったくない職場では、ある程度、酒を飲むことが許容されている。社員の膨れた腹を針でつつけば、「この野郎」という言葉が噴き出すくらいに詰まっていたのだ。

林は酒場に行くときはカバンを持たないようにした。財布をなくして妻に叱られたからだ。それでも酒場に寄らずには帰れない。妻には辛そうな顔を見せられないのだ。胸中を妻に見抜かれて心配されると、よけいに辛くなる。だから会社のことも言わない。

酒場でこんな話をして、結論もなく時間は過ぎていく。

「悪くないのに責められるし、友には裏切られるし、子供には理解してもらえないし、マナー違反を注意したら逆切れされるし、傘を持っていないときに限って雨に降られるし。それに、阪神は負けてばかりやし」

そして、看板の時間が過ぎると、こう言って面々はようやく散っていった。

「あしたの朝はみんな、きっちり来いよ！」

夜更けのトッカイはそんなものだったのである。

4 やめてほしいわ

空は崩れる前の均衡を保っていた。水を含んだ灰色の雲の下で、林たちトッカイの面々は身を固くしている。暴力団風の男たちに占拠されたビルが、目の前に迫っていた。

周囲を窺い（うかが）ながら、彼らがビルに近づいたその鼻先で、特大の緑色の花がバッと咲いた。傘だ。社員たちの中に緑模様の派手な傘をいきなり開いた者がいる。そして、傘をさしたまま、にやにやと笑った。

「田渕さん、なんで傘さすの？」

「なんか傘さしたくなってん」

林の表情が少しほぐれた。内心でつぶやいた。

――やめてほしいわ。

林は第四班の十三人を束ねている。一方の田渕章は大阪府警の元警部で、いまは大阪特別対策部の次長である。警察力を背景に、林たちトッカイの面々を守り、妨害行為があれば刑事告発する役割を負っていた。

「雨も降ってへんのに、目立ちますよ」

「いや、目立ったほうがいいくらいや」

視線の先にあるビルが乗っ取られてから数年が経っている。整理回収機構はこれを競売にかけて不良債権を回収しようとしているのだが、入札を何度実施しても買い手がつかない「不売」が続いていた。競売の手続きは厳密で、男たちがそこを突いて妨害しているのだ。

もう最後の手段しかない。林たちは悪質な事例に適用する執行官保管命令を申し立て、男たちを強制退去させて、最後の入札に持ちこもうとしていた。林たちが打って出れば警察が動く。

きょうは事前の現況調査――つまり、敵情視察である。こっそりやって来たのは、強制執行に持ちこむ手続きも微妙だからである。

執行官保管命令は執行当日、中立書に記載された占有状況と現状が同一であることを裁判所の執行官が確認したうえで、占有者を強制的に退去させる民事執行である。さらにビルを空室の状態にしたまま、執行官がビルを保管する旨を記載した公示書をビルに貼って、一応の手続きが終わる。ところが、その執行の日に、中立書に記載された占有者や状況が変わっていれば、強制執行は空振りに終わってしまうのである。

まずは、そっと偵察を終えたい。そして、占有状況を裁判所に提出し、占拠する男たちを不意打ちしなければならない。男たちに気付かれると、またもやビルの現況を変えたり、看板を書き換えたりして執行妨害を受けかねないからだ。

——きょうは、ばれないようにいかなあかん。

林たちは緊張していた。その張りつめた空気が田渕には耐えられなかったのだろうか。沈着に見える田渕が、そうした場面に限ってふざけてみせるのだ。田渕はたぶん緊張を解こうとしたのだろうが、林はその意図を突き詰めて考えないようにしていた。別の世界で生きてきた人々の奥底は見通せない。

田渕は自分の過去をあまり漏らさなかったが、警察出身者が自分たちとは違うことは、林にもよくわかった。トッカイの仲間たちはこう噂していた。

「だって、田渕さんは牛のたたきを食べながら、変死体の話で飲むんやもの。常人とは違うんや。まあ、冷静やのに、抜け感というか、ええ加減さが絶妙やね」

整理回収機構が誕生してからというもの、特別回収の現場には、田渕のように特異な過去を背負った人々が続々と加わってきていた。

田渕は整理回収銀行から転籍した一人である。前述のように、彼は大阪府警東淀川警察署の刑事課長時代に、取り付け騒ぎの木津信組に臨場したことがきっかけで回収の一翼に参加していた。

田渕が府警を辞めて回収支援の道に転身したのは一九九七年だが、それ以降、約二十年間、債権回収をめぐる刑事告発件数は三百四十二件に上る。このうち、大阪の特別対策部とトッカイが相手にしたのは、名うての反社勢力ばかりだった。

田渕の記憶には、裏の京都を牛耳る「京都五山」の男たちや、暴力団山口組直系、当時の極心連合会会長の追及、総資産一千億円と言われた「ミナミの帝王」との攻防が深く刻まれている。

「ミナミの帝王」とは、大阪の繁華街ミナミを拠点に金融業や不動産会社を手広く経営した和田忠浩の異名である。二〇〇六年に大阪市中央区のマンションをめぐって競売入札妨害などの疑いで逮捕された※6が、暴力団や芸能人にも貸し付けていた。そのマンションには暴力団事務所などがあり、競売開始決定後も二回にわたって応札者がおらず、和田が知人名義で最低入札価格で競落していた。

田渕はその後も、福井県敦賀市で「迎賓館」と呼ばれていた暴力団組長の豪邸解体や和歌山市の暴力団事務所の競売をめぐって、体を張って働いた。「迎賓館」については、暴力団がダミーを使って落札する動きがあり、財務省の反対を押し切って、あえて整理回収機構が高値で自己競落した。

冒頭のビルの占拠についても、首謀者を競売妨害で摘発へと導いている。こうした功績で、回収機構の仲間とともに警察庁長官や県警本部長の表彰を三度受けているが、彼を支えてきたのは、「社会に役立っている」という誇りである。荒廃し、危険な回収の現場に身をさらすことで、新たな生きがいをつかんだのだった。

5　すぐ押さえろ！

大阪・難波の地下街のトイレで、紙袋に入った訴訟記録が見つかった。遺失物の届け出を受けた警察から、整理回収機構大阪支店に問い合わせがきた。

「トイレに置き忘れた方はいませんか」

訴訟記録は、回収機構が一九九九年に大阪の企業グループを訴え、延々と裁判が続く貸金請求訴訟のものだったのである。〈原告　整理回収機構　代表者　代表取締役鬼追明夫〉と、訴状の冒頭に記されていた。

しかし、回収機構の弁護士や大阪トッカイには思い当たる節がない。

「誰や？」と首を傾げ、それならば被告側だろう、という話になり、彼らは、被告の企業群を実質支配する不動産業者の姿を思い起こした。林の担当である。

「川辺のおっさんのとちゃうか？」

「おしっこしていて、大事なもんを忘れたんかいな」

「しかし、おっさんは『私は（この訴訟には）関係ない』と言ってたやないか」

落とし物の持ち主が誰で、その行方がどうなったのか。よくわからないまま、月日の経過とともに、この話は忘れられていった。はっきりしているのは、記録に記載された訴訟が、回収機構にとって重大な意味を持ったことである。

川辺のおっさんとは、大阪市西区南堀江に本社を置いた川辺物産の社長・川邊常次のことである。一九四三年生まれの焼け跡世代で、旺盛な事業欲の持ち主であった。二十八歳の春に家庭用雑貨品の貿易業をはじめ、バブル期直前の八五年ごろから時流の不動産売買や賃貸業に転身して、ピーク時には、グループ全体でビルやマンションなど六百七十の不動産を保有していた。

それがバブル崩壊後の九一年ごろには利払いも停止し、住専から八十一億円、破綻金融機関十社からも二百三十五億円、合計三百十六億円の融資を焦げ付かせている。彼を追う回収機構のリストには、「悪質先」と記載されていた。

ただ借りて返さないというだけでは、「悪質先」には分類されない。あらゆる偽装、奇策を駆使して彼は回収逃れを続け、一九九六年以来、トッカイと弁護団に挑んできた。二十年戦争というわけだ。

彼の経営の特質は、川辺物産本体が資本金二千万円の中小企業に過ぎないのに、海外は米国や香港、タイに、国内は札幌から福岡まで数十社の関連会社を設立することで、金融機関から二千七百五十億円もの融資を引き出したことである。

彼の資金集めは、偽装工作の連続であった。※7

川辺物産だけでは、金融機関の融資限度枠があり、借入資金に限度がある。そこでまず、全国各地に関連会社を設立する。次いで、社員や関連会社の社長を督励して、購入価格を高額に偽造した不動産売買契約書を作成し、実際の購入物件の価格より多くの融資を受ける。そして、返済は数年間の元本据え置きとするなどして、拡大路線を突き進んできたのである。

徹底抗戦を続ける債務者について尋ねると、トッカイの面々は決まって、末野興産の末野謙一や、京都の「怪商」と呼ばれたペキシムの西山正彦らの名を挙げる。だが、川邊ほど回収機構を振り回した債務者はいない。何しろ、彼は総力戦で臨んだ回収機構に対し、一度は法廷で勝訴し、回収機構弁護団を歯ぎしりさせた難敵であった。

いかに借りたカネを返さないで済むのか――。川邊の偽装工作は、一九九二年十一月二十八日には始まっていた。それは、彼が川辺物産本社でグループの経営会議を開いた日だ。回収機構の前身である住宅金融債権管理機構が発足する四年も前のことである。

この会議を経て、彼は営業会議で役員や担当者らに次のような方針を周知徹底させている。※8それは会社防衛の範囲をはるかに超えていた。

一、融資金の返済は可能な限り減らし、川辺物産が保有する賃貸マンションなどから入る賃料収入を貯め込め。
二、賃料収入確保のため、賃料の上がる物件は可能な限り手放すな。
三、物件が競売手続きに回された場合は、金融機関への返済を停止し、競落されるまでの賃料収入を確保するため、任意売却による返済の求めには応じるな。
四、任意売却をせざるを得ない場合でも、金融機関が探してきた契約話には応じない。買い主は川辺物産が探し、任意売却をする全件について、二重に売買契約書を作成して、実際より価格の低い偽造売買契約書を金融機関に示し、これを前提に金融機関に担保権の抹消登記を承諾させ、その差額を社内に留保せよ。

四番目の差額を抜く手口は、「中抜き」という詐欺行為である。さらに金融機関に本当の売買価格がわからないようにするため、彼は偽装の具体的手法を社員に伝授する。

買付証明書や売買契約書の金額を書き換え、そのコピーを金融機関に示すのは序の口で、取引決済の場に別室を設け、金融機関の担当者と不動産の買い主が接触しないようにしたり、金融機関と面識のない社員を買い手の替え玉として用意したりする手法まで指示していた。競売開始決定を受けた賃貸物件については、競落を阻止するため、右翼団体や暴力団まがいの名称の看板を取り付けさせる工作も施している。

あまりに露骨、無謀なので、社内から反対する者も出た。前述の経営会議の席上、二人の取締役が、「これは詐欺です」と強く難色を示したのだった。※9

だが、川邊が彼らを遠ざけると、彼の無法に異を唱える者は誰もいなくなった。いつの時代でもそうだが、まともな進言が通らないとき、ワンマン企業はたいてい崩壊に向かって走り出す。

(詐欺だと指摘した元取締役たちは、その後、口をつぐんでいる。元取締役の一人は、「川辺物産に関与したときのすべてのしがらみから無縁になりたいと考えて生活しています」と伝えてきた。忘れ去りたい悪夢なのであろう)※10

川邊の異常な回収妨害に気づいたのは、整理回収機構の上部組織である預金保険機構特別調査課である。トッカイの参謀のような存在なのだが、彼らはトッカイの要請を受けて、川辺グループの銀行口座や送金の流れを調べているうちに、二つのことを突き止めた。

一つは、前述の中抜き詐欺であり、もう一つは、九九年までの五年間に、大阪銀行や関西銀行の支店にあった川辺物産や関連会社名義の普通預金口座から、大金が複数の借名口座に移し替えられていた事実だった。移し替えは百九十三回にわたり、総額は六十五億円近くに上っていた。特別調査課は、「トクチョウ」と呼ばれ、マルサ（国税局査察部）出向者も擁しているので、銀行の立ち入り調査はお手の物なのである。

では、その資金は何のために移し替えられ、プールされたのか。トクチョウは川辺物産の競売の秘密に突き当たる。

回収機構は、川辺物産グループの物件を差し押さえ、次々と競売にかけていた。川邉はトクチョウの調査を受けた後、大金を持って海外に逃れ、回収にまったく応じていなかったからである。ちなみに、彼が持ち出した現金は五十六億円に達し、その多くは使途不明となった。

川辺物件の競落は順調に進んでいるように見えた。ところが、トクチョウが担当のトッカイ四班とともに調べてみると、実は川邉のダミー会社が入札に参加して、川辺物産の物件を落としていたことがわかってきた。

それは、関西の不動産業者の宿痾のようなもので、当時、トッカイ四班の副班長だった林たちは、「とにかく、競売されようが何されようが、手放したくないんやな」と見た。

――つまり、諦めきれないんや。だから、自分の息のかかった人間やペーパーカンパニーを使って、買いにいく。あれは自分のものや、という感覚やなあ。

そして、国内の借名口座や海外の隠匿資金を使って、高値でどんどん落としていくのだ。ダミー会社の名義で資産を確保したわけだ。

しかし、それは逆に言えば、川辺物産と落札したダミー会社との関係を、丹念に一本の線で結んでいくと、川邊自身の債権回収妨害や資金隠匿を裏付けることにつながる。

林は、預保で追跡していた担当者が「早く仮差し押さえをしろよ！」と、回収機構に乗り込んできた日のことを覚えている。川邊の資産逃れの物件が多すぎて、トッカイの手続きが遅れていたのだ。ぐずぐずしていると、捕捉した川邊の物件が逃げていく。預保の担当者が怒り狂っていた。

「何やってんだ。早く押さえろ！」

川邊が資産確保に必死ならば、謎を解く預保やトッカイも必死だったのである。

その後、林は班長に昇格し、本格的に川辺物産の資産逃れを追跡することになった。それは、資金の流れや関連会社の関係を一個一個ピンセットでつまんで調べるような作業だった。銀行の勘定元帳のような帳簿類がトクチョウなどからバサッと届く。それを根気よくひもといていくのだ。

たとえば、大阪銀行支店の川辺物産名義の普通預金口座から、二千万円の出金があったとする。このカネはどこに消えたのだろうか、と今度は受け口座を探す。しらみつぶしに怪しい口座を洗う。小口に分散したような形跡があれば、「これはくさいぞ」と一つの図を描く。いわゆるチャート図を、預保とは別に作るのである。これが裁判の証拠書類になっていく。

そのうちに、「五千万円入金があるな。これは何なんや」と別の発見をし、これはどこから来てるんか、と考えているうちに「あれ、さっき何を調べてたんだっけ」。ごっちゃになる。ほかの大口案件をこなしながら、一年近くもかけた。それはA3用紙を貼り合わせたスーパーチャートになっていた。

少しずつ追い詰められた川邊は二〇〇〇年五月、逃亡先のタイから帰国し、大阪地検特捜部に詐欺容疑で逮捕された。さらに強制執行妨害罪でも起訴され、懲役二年十月の実刑判決を受ける。

ここでマスコミの報道は絶えた。川辺物産も、逮捕された年に銀行取引停止処分を受けて倒産している。命運は尽きたと思われたのだろうが、そうはならなかった。

前述のように、川辺物産の五十五棟を競落して名義人となっていたダミー会社群があった。回収機構はそれらを相手取り、一九九九年に貸金請求訴訟を起こしていた。ダミー会社には実体も法人格もなく、事実上、川邊支配下の「わら人形」やペーパーカンパニーに過ぎない――法律的には法人格否認ということを立証して、隠された川辺グループの資産回収を図ろうとしていたのだが――ということを付け加えれば、それは冒頭のトイレに置き忘れられた事件記録にあった、あの貸金請求訴訟だった。

ところが、川邊は収監中も回収機構に反論し、なんと一審の大阪地裁で勝った。

要するに、現実を見ようとしない裁判長が、「法人格を否認することで債権の履行を求めうる相手方は、実体のある背後者（個人）のみが予定され、形骸的な会社を相手取った今回（法人対法人）のような請求は、この法理の性格上、予定されていない」と何とも奇妙な論理で、回収機構の請求を退けてしまったのだ。回収機構の全面敗訴である。提訴時点の社長だった中坊公平は、

「なんで負けるんや！　裁判長は法理がわかっておらん。君らのやり方も悪いんやないか」

と激怒した。さすがに高裁では回収機構が逆転勝訴したが、提訴してから最高裁で確定するまで七年もかかってしまった。

市民が当たり前だと考えることを、当たり前だと裁判官に信じさせ、回収を進めるのに、無駄とも思えるこれほどの時間と労力が必要だったのである。

川辺物産グループから林たちが取り返した債権額は、三百十六億円のうち八十六億円。そして、いまも同様な訴訟が川邊との間で続いている。

回収機構の幹部は、「とことん闘うという悪質債務者は、刑務所に入ったぐらいでは、全然へこたれませんから」。こちらも諦めずに追いつづけるしかないという。

第五章

トッカイがなんぼのもんじゃい

1　証言したら殺されます

あのあたりが時代の変わり目だったな。――後に大阪トッカイ部長になった岩崎紀夫はそう思うときがあった。

中坊公平はその日、和歌山支店の鳳（おおとり）分室にやってきて、

「『国策会社』という言葉を何で使わへんねん」

と、約十人の役職者を叱り飛ばした。彼は整理回収機構の社長を、七十歳の誕生日の一九九九年八月二日に退任すると発表しており、その前年の暮れからこの年五月ごろまで地方の回収拠点を回っていた。その最中に大阪府堺市に置いた鳳分室で、中坊は怒り出したのだった。鳳分室が債務者に出す督促の文書に「国策会社」の文字を入れていなかった、と咎（とが）めたのである。

「わが社は国策でつくられた会社やないか。国策会社というのを使え。そんなん使わんからなめられるんや」

強い口調で指示した後に、回収はかくあるべし、と声を高めているうちに、中坊の内側から嗚咽（おえつ）が突き上げたようだった。

――あれ、社長が泣いとる。

当時、鳳分室長だった岩崎はびっくりして、白板の前の中坊を見つめた。彼の地方督励は「中坊臨店」と呼ばれる一大行事で、岩崎たちは「鳳分室が文字通り、中坊臨店の最後を飾る大トリになるんや」と張り切って、箱弁当も用意していた。ところが、彼は昼食もとらずに外に出てしまった。

大阪で退任の送別会を開いたときも、中坊はひどく不機嫌で、「君たちにわしを送る資格があるのか！」と叱咤した。平成の鬼平と言われてるけど、鬼平やなくて、泣平みたいやったなあ、と岩崎は思った。

たぶん、退任を前に危機感を煽ろうとしていたのだ。彼は整理回収機構本社で五月二十一日に開かれた回収責任者会議で、こう挨拶している。

「全国の現場を回ったが率直に言って、当社の回収能力がこれほどひどい程度にまで下がっているかと愕然（がくぜん）とした。すべての案件について突っ込みが極めて不足しており、なお悪いことには表面だけ繕えばいいという風になっている」※1

だが、中坊の檄に対して、住専の債権回収が一応の成果を挙げると、一部のマスコミや野党は手の平を反すように、中坊流の激しい回収手法に批判を浴びせはじめていた。その裏では、川辺物産のようにとりわけしぶとかったり、西山のように海外に資産を隠したり、許永中のように刑務所に入って口をつぐんだりする悪質な輩、巧妙な案件だけが残ってしまっていたのだ。

許は、「闇世界のフィクサー」と呼ばれる在日韓国人の実業家で、焦げ付き額が二百十億七千万円。戦後最大の不正経理事件である「イトマン事件」をめぐり、一九九一年に商法の特別背任容疑などで逮捕、起訴されていた。

一方では整理回収機構が、整理回収銀行を吸収合併して発足したために、債務者の多くが多様な中小企業経営者に代わり、厳しく取り立てるだけでは低迷する地方経済を窮地に追い込む、と指摘されていた。中坊の後継社長となった鬼追明夫は臨店すると、岩崎たちにこう指示した。

「国策会社という名前はだめや。戦中のまさに悪いイメージを与える。その文字は消したほうがええ」

鬼追は元日本弁護士連合会会長で、中坊の五つ年下である。社長交代直前、回収機構はサービサー業の営業許可を取得し、その二年後、小泉政権の要請も受けて企業再生本部を設置した。企業再生を看板の一つに加え、組織の延命を図ったのである。

中坊は退任の直前、報道機関の合同会見や個別インタビューに繰り返し応じた。やり残し、言い残したことがあったのである。

退任四日前の七月二十九日には東京で午前中にお別れ会見をした後、夕方に大阪で会見をした。東京では、住管機構社長からの三年を振り返って、「六十点。まあ、合格点やね」と笑顔を見せたが、大阪では本音が出た。

「すっきりして青空が広がるというよりは、非常に暗い道をなおトボトボと歩いていく感じがする。率直に言って、あらゆる意味での強者、権力の壁があり、なかなか容易なことではなかった」※2

中坊の言う強者の一つが、住専に悪質な融資先を紹介した都市銀行である。その責任追及について、毎日新聞の記者とこんなやりとりをしている。

〈――思い通りにいかなかったことは。

◇けじめをつける仕事はやり残した。悪質な紹介融資をした銀行は、住友銀行しか提訴できず、住専の経営者責任も2人しか問えていない。まだ50人も残っているが、これは後の人に託すしかない。

――バブルのつけである不良債権回収から見えたものは。

◇銀行の責任の取り方に矛盾を感じた。紹介融資の責任を問うと、銀行は「法的責任はない」と反論する。法的責任は最低限のモラルに過ぎず、公的責任を担っているという自覚はない。一方で、公的資本注入を受けるときは「公共的な仕事をしているから」と公的責任を自認する。これはおかしい〉※3

中坊は報酬も退職金も受け取らなかった。よく頑張ったという満足感と権力の壁、そして変化せざるを得ない組織の現実を噛みしめたうえでの退任であったろう。

この組織で変わらなかったのは、〝奪り駒使い〟とも言うべき回収手法である。前にも述べたが、破綻した住専や金融機関の社員たちを期限付きで次々に採用しては、カネを取り立てさせる。奪った駒を債務者に向けて打ち込む、将棋のような人使いである。

岩崎はその奪り駒使いを熟知し、悲哀を知る男でもあった。はじめに彼が駒として使われ、やがて駒を使う身になったからである。

岩崎はかつて、住専の一つ「日本ハウジングローン」の大阪支店長兼大阪管理部長で、トッカイ班長の林の上司であった。実は、林の能力を見抜いて、ハウジングローンの回収センターから営業に異動させたのは岩崎である。

また、岩崎はライバル関係にあった日住金の池田等と並んで、関西の「住専会」を仕切った人物だった。痩身で学者風の池田とは対照的に、岩崎は明快単直、がっしりした体軀に、肉付きのよい大きな顔を乗せ、磊落（らいらく）な物言いをした。世話好きな親分肌でもある。

「愛媛の漁師の息子」と言ったりするが、実際はイワシやカツオ、アジを加工する水産業が家業で、国立愛媛大学教育学部を卒業した。「マルマン」の大阪支店営業部で時計店や宝石商百店を回り、五年間に三度の営業優秀賞を受賞した後に金融界に転じており、その風変わりな過去や、ざっくばらんな打ち明け話が人を惹きつけた。

「わしは学生時代にな、『詩情同好会』を自分でこさえて、ポエムを作ったんや。いまは作詞もしとる。『松山　あの人に逢いたい』という曲もあります。そっちでは、作詞家『氷室圭』を名乗ってますわ」

その岩崎は住専七社が破綻すると、部下たちと住管機構に入社し、日本ハウジングローンの債権を回収する第七事業部大阪ローン室長に配置される。この回収組織の花形は言うまでもなく、大口、悪質債務者と対峙する特別整理部である。岩崎たちの事業部とは処理する金額が桁違いで、彼らは特別回収部と看板を変えた後も、肩で風切って社内を闊歩(かっぽ)しているように見えた。

それが腹立たしくて、「トッカイがなんぼのもんじゃい」と思っていた。元部下の林ともしばらく口をきかなかった。そんなところへ、岩崎の人使いの能力を認めた者がいて、五十人が待つ和歌山支店鳳(おおとり)分室長として、一人の部下付きで送り込まれる。四十八歳だった。

そこは、「闇勢力の貯金箱」とまで酷評され、一九九六年十一月に業務停止となった和歌山市の「阪和銀行」の不良債権を回収する最前線だった。同行が解散した翌年の九九年四月、整理回収機構は、阪和の主要営業区域に、百人の和歌山支店と各五十人の鳳分室、田辺分室の三つの回収拠点を設け、元住専社員を二人ずつ指導者として置き、元阪和銀行員を雇って不良債権回収に乗り出そうとしていた。

「住専出身の社員は先に破綻を経験し、回収ノウハウも蓄えている」と見込まれたのである。

岩崎はそれまで、母体行から出向してきた銀行員たちを「進駐軍」と呼び、「兵隊」を自称してきた。それが今度は、いわくつきの現場に進駐して指揮官になり、奪り駒の元行員たちを兵卒として抱えた。鳳分室長の後には和歌山支店長を命じられたので、岩崎にとって阪和の債権回収は三年二ヵ月にわたって続いた。

阪和銀行は最大時で預金量約五千七百億円、五十二支店を擁し、形の上では和歌山県の指定金融機関である老舗「紀陽銀行」を追っていた。しかし、住友、三和、大和という関西を地盤とする巨大銀行のはざまにあって、長年、「万年二位」に甘んじていた。それがバブル期と関空ブームを機に融資競争に突入し、創業家一族の内紛や派閥抗争が重なって、暴力団や右翼団体に食いつかれる。

岩崎が赴任した鳳分室は、旧木津信用組合の大きな支店ビルだった。末野興産の巨額の資金を受け入れ、傾きかけると一気に資金を引き出されて破綻した、あの木津信組である。奪り駒たちの砦にふさわしい場所だった。

岩崎は阪和銀行出身者の苦しみがよくわかった。阪和には約八百五十人の従業員がいたが、銀行として戦後初となる大蔵省の業務停止命令を受けて、転職できたのは一割強で、紙切れになった自社株を手に、放り出された管理職や支店長クラス、女性行員らが残された。原則として元住専社員の雇用は十五年間だが、回収機構は彼らのような破綻金融機関の出身者は五年間しか雇わない。

そして、これからは地元で営々と築き上げてきた取引を断ち、育ててくれた顧客から厳しく取り立てなければならない。

岩崎自身も母体行から出向してきた幹部社員に、

「君たちはA級戦犯なんだぞ。そして君らの取引先というのは、要するに悪質債務者なんだ。考え方を変えないと不良債権は処理できんよ」

と言われたものだ。一方で、地元の経営者から泣きつかれた。

「これからどないしたらええの。私らのを競売にかけたり、首絞めたりするんかいな」

――そのうえに、阪和の元行員たちは、上司だった不良債権担当の副頭取が殺されて、闇の世界を知ってる。債務者にはマルボウ（暴力団）なんかもいる。だからもう恐ろしくて恐ろしくて、回収なんかやりたくないんや。

殺害事件とは、一九九三年八月五日朝、副頭取の小山友三郎が出勤時に、三発の銃弾を撃ち込まれた事件を指している。その前年の十一月には、阪和銀行の内幕を暴露した月刊誌※4をめぐり、頭取だった橋本竹治らが連載を中止させようとして、その見返りに山口組系暴力団組長に二億三千万円を迂回融資していた。この事件は九七年、橋本だけでなく元常務らも特別背任容疑で逮捕されたが、ほかにも闇勢力が岩崎たちを苦しませた。

その一つが、右翼団体への融資で、建物が外部から見通せなかったため、ヘリコプターを飛ばして撮影し、実態解明の後、警察と踏み込んだ。

しかし、いざ債権回収のために訴訟に持ち込もうとして、騒ぎになった。弁護士が、回収機構の社員に加わっていた元阪和銀行幹部に「証人として法廷に出てほしい」と要請した。すると、翌日、元幹部は辞表を持ってきた。貸し付けの際の大事な生き証人である。岩崎も証言するよう頼んだが、断られた。

「殺されます」というのだ。この地には、白昼堂々と副頭取を殺したヒットマンや黒幕が警察の手を逃れて潜んでいる。元幹部を誰が意気地なしと咎めることができるだろうか。

――かわいそうなことをした。

同情する一方で、岩崎はけじめをつけながら進んでいかんとな、と思った。和歌山支店には、阪和銀行の暴力団融資以外にも、バブル期の金融機関の愚かしさを物語る案件が山積していたのだった。

たとえば、山林であり海である。和歌山県商工信用組合は、北海道から徳島まで十四ヵ所、計八百ヘクタールの山や、徳島県の海岸の砂浜を担保にカネを貸し付けていた。「山を持っていればなんとかなる」という〝山神話〟が残っており、「理事長は山

が好きだったから」と言われているが、山林担保の融資だけで四十億円に上ってい
た。この信組がつぶれると、債権を買い取った回収機構の面々が、その山や海岸を売
る羽目になった。
　山を売るのは難しい。岩崎は和歌山支店回収第一課に「山岳部」チームを結成さ
せ、森林組合に通わせて売却方法を研究させた。一方で案内人を立てて山に踏み入
り、マムシや山ビルにおびえながら実測し、写真を撮って資料を作成した。そのうえ
で、「値段は底値だから、いまが買い時」と書いたパンフレットや手紙を全国に配
り、ついに売り切った。
　それ以上の難問が砂浜の売却だった。問題の砂浜は、徳島県鳴門市の大毛島の海岸
にあり、土地登記簿には「山林　六千六百六十四平方メートル」と記されていた。こ
のチームが現地調査をしたところ、実際は海の浸食が進み、満潮時にはほとんど水没
する砂浜だった。
　和歌山県商工信組は登記簿だけを頼りに貸し付けをしていたのだ。岩崎たちは啞然
とした。しかし、放置はできない。結局、隣接する山のおまけという形にして、鳴門
市内の資産家に売却した。
　岩崎は和歌山支店長の後、第二事業部大阪支店長に転じ、在日韓国人系で最大の信
用組合だった「関西興銀」や「幸福銀行」などの債権回収の指揮を執った。回収機構

は、新たに破綻した信組から在日コリアンを雇っていた。彼らは固い絆で結ばれている。新しい社員にはその仲間の首を絞めに行かせるのだから、足取りは重かった。

「回収機構がそろそろいくで」と携帯電話で情報を漏らす内通者もいた。そんな部下たちだからこそ、「一緒に飲むか」と声をかける。大阪・鶴橋の場末の店でホルモンを焼いていると、煙の向こうの部下たちが溶けだすように打ち明けてくる。

「実は、わしの名前はね……」

出自や生き様、ヤクザの話……回収はしばしば、彼らを知ることからはじまった。

転戦はさらに続く。

神戸支店長を命じられ、「みどり銀行」の債権を引き継ぎ、金沢支店長になると「石川銀行」の債権回収にあたった。さらに、大阪統括管理部長を経て、二〇〇九年七月に、「なんぼのもんじゃい」と言っていたトッカイの六代目部長や大阪事業部長にも就いている。

定年までの十五年間、回収組織で働いた岩崎の自慢は、部下の再就職に努力したことである。だから、定年後、再就職のために作った職務経歴書には、〈神戸支店長として約三十人の転職確保に成功した〉〈金沢支店閉鎖に伴う職員三十人の再就職支援に注力した〉と記した。

支店の回収にめどがつくと、本社は支店や組織のリストラを急ぎ、地方拠点の社員を早く切ろうとする。しかし、まずは苦労させた者の面倒を見るのが筋ではないか。奪り駒の歩であろうと家族があり、いつもその先の光が必要なのだ。

リストラをめぐって、本社の人事部長や役員と何度も大喧嘩をした。三代目社長の奥野善彦から、「もう手打ちはしましたか」としょっちゅう言われたものだ。部下だった林とはずっと付き合いがある。彼と飲むと、そのときの話が出て、喧嘩話を誇らしく思い出すのだった。

2　戻るところがなくなっちゃったよ

回収の前線には、旧住専の出身者だけでなく、破綻したさまざまな金融機関の元職員も立たされた。依拠する組織を失った男たちは、傷を癒す間もなく、過酷な闘いを強いられる。

小さな信組の元千里丘支店長が一九九九年春、整理回収機構の再雇用を求めて、面接で告白をはじめていた。大阪府東大阪市にあった「信用組合大阪弘容」支店長の大下昌弘という。四十六歳である。

大阪弘容はその前年に、「大阪庶民信用組合（現・のぞみ信用組合）」に吸収されることになり、大量の人員整理が実施されていた。全国の金融機関がバタバタと倒れ、大阪府が信組再編を急いでいた時期だったし、隣の和歌山ではその夏、毒カレー事件で四人も殺され耳目を集めていたから、小さな信組の消滅に注目する人はあまりいなかった。大下は大阪弘容の事業譲渡が終わったので、まずは大阪弘容の健全資産を引き継いだ大阪庶民信組の面接を受け、次いで、不良債権の譲渡を受けた整理回収機構の大阪支店を訪問していた。

いずれの面接でも、大下はある秘事を正直に打ち明け、面接官をびっくりさせた。情実融資に関わっていた、という告白であった。

大下によると、事の始まりは、合併が決まる半年前に、大阪弘容の理事長から支店長席にかかってきた一本の電話である。

「南野(みなみの)さんから、二十億円の融資の申し出があった。そちらの支店管内の案件なんやけど、稟議のほうをよろしくお願いしますよ」

南野とは、旧大阪府民信用組合の理事長で、南野洋のことである。大阪府民信組は、前述の大阪庶民信組とよく似た名前だが、こちらは戦後最大の経済事件と言われたイトマン事件に絡んで、乱脈融資を乱発した悪評の信組で、南野は乱脈融資をめぐる背任容疑で九一年九月に逮捕されていた。それが、この電話からちょうど二年前に、大阪高裁で執行猶予判決を得、大阪の街に戻ってきていたのだった。

理事長から電話があった直後、南野から大下に直接、呼び出しがかかる。

「おたくの理事長とは話がついているんや。不動産を購入して、それを六ヵ月以内に売って融資を返済するから」

南野は懐かしく、かつ金融の泥沼で生き抜く油断ならない相手であった。大下はもともと南野の大阪府民信組で働いていたのである。それが南野らの乱脈融資のために大阪府民信組は崩壊し、大阪弘容に救済合併された。大下も九十六人の従業員に混じって大阪弘容に転じていた。

大下は理事長の口利き案件を冷静に考えてみた。

融資先は、南野が実質的なオーナーである二つの不動産会社である。かつての大阪府民信組の元理事と元支店長がそれぞれ社長に就任していた。融資の担保は、JR千里丘駅の近くに南野が持っているビルである。理事長が言うように、そこは大下が支店長を務める千里丘支店管内にあった。

――担保物件の評価だけを考えれば、融資額二十億円の保全は何とかできるかもしれない。だが、二社の決算内容は悪すぎる。帳簿上も大幅な債務超過に陥っている。しかも、南野は逮捕されたイトマン常務の伊藤寿永光や許永中と結託して、大阪府民信組を破綻に導いたトップやないか。

大下は大阪弘容の本部に行って、理事兼務の融資部長に、この融資は取り上げられない、と断った。すると、融資部長ははっきりと言った。

「それやったら、君はもうクビになるかもしれん」

「そんなことないでしょ。やりたくないです」

その後も融資部長から再三、稟議書を上げるようにと連絡があった。

「断れば支店長の経歴に傷がつくことになるよ。支店から稟議を上げてもらえば理事会で融資決定をするから、支店長の責任にはならん」

断りつづけていると、南野本人からも、迷惑はいっさいかけないから、と電話がかかってきた。

「断れる案件ではないよ。大阪弘容本部から『融資する』と回答をもらっているんや」

外堀は埋まっているのだ。同僚の支店長らにも相談したが、やるべき案件ではない、と建て前論を述べながら、一方で「最終的には仕方ないな」という。

執拗にかかってくる電話に追いつめられ、大下はとうとう根負けした。電話から約二週間後に稟議を起案し、融資は実行された。

──サラリーマンやから受けざるを得なかったんや。有力者とか、政治家のつながりとか、別に信組だけでなくメガバンクでも、同じようなことやってる。

そう思おうとしたが、情実融資に加担してしまった、という後悔は心深くに重く沈んだ。実際、南野への二十億円はたった半年で不良債権に化けてしまったのだ。大阪弘容の事業譲渡が決まると、大下は南野に呼ばれてこう告げられた。

「今後は金利の支払いはできないわ。不動産を売却したら、そのときに金利も清算するからな」

悔しかった。大阪弘容の吸収合併が浮上して以来、職員は右往左往、大阪弘容の本部も求心力を失って、事務的な伝達しかできない有り様だった。その混乱に付け込まれたのだ。大銀行なら処理できるだろうが、体力のない信組で焦げ付けばどうなるか。この融資が大阪弘容の経営にとどめを刺したことは容易に想像できた。大下にとっては痛恨事であり、二度目の会社破綻である。

大下の告白を聞いて、大阪庶民信組の面接官は、あなたのような人は困る、とはっきり告げた。

「そんなことをした人を、うちには入れられない」

ところが、整理回収機構では一転、あなたを嘱託採用します、と言った。正直に打ち明けてくれたのが良い、というのである。大阪弘容からは約五十人が回収機構の面接を受けていた。そのうち採用されたのは、女性二人を含む九人だけだった。五年間の期間限定で、「回収の仕事です。それでもよろしいですか」と念を押された。

大下たちが入社したころ、回収機構の社内は、寄せ集めどころか、旧住専の出身者、その母体銀行から出向を命じられた大手銀行や地銀の行員、破綻した銀行、信用金庫、信用組合の元職員……といった金融マンの〝ごった煮〟状態となっていた。

それは、回収機構が、将棋の駒よろしく、破綻した金融機関の職員を一時的に雇っては、債務者という相手を攻めるからで、大下ら九人も、回収機構大阪支店第一事業部の下に新設された回収八課に配属された。大阪弘容の約二千件、二千五百億円の債権を取り立てるのが仕事である。

ごった煮の社内は、能力はともかく、三つの階層に分かれていた。住専の親会社という優越的な地位にある銀行出向者、岩崎の言う「進駐軍」である。それに、実戦部隊の住専出身者を「兵隊」とすれば、そこへ加わった破綻銀行、信組、信金の元職員たちは、「臨時兵」というところだ。

進駐軍の面々は、銀行の給与が維持されるから給料も高い。出向してから小遣いが増えた、という者も多かった。銀行はまだサービス残業の世界が残っていて残業代の支払いに天井があったが、回収機構は残業代が付け放題だったからだという。

「進駐軍」という意識が言わせるのか、それともうっぷん晴らしなのか、銀行出向組の中には、住専組に向かって、「早く資料を持って来いよ」と号令をかけたり、「君らの会社がつぶれて、なんで俺が手伝わないかんの」と、思ったことをそのまま口に出したりする者がいた。当然ながら対立も生まれる。

日住金出身の池田等は、「銀行出向者との軋轢（あつれき）が一番苦しかった」と言う。

大下たちは、その住専組に指導を受ける初年兵のような立場だ。大阪弘容では融資や預金集めをやってきて、回収のノウハウを持っていなかったのである。これまで「お客様」と呼んでいた大阪弘容の借り手を、「債務者」と呼ぶように指示され、住専出身の課長が債務者に、

「返済できていないのだから、もう不動産を売るしかないでしょ。いつ売るんですか」

と詰め寄る姿に圧倒された。給与は元の職場の一割減で、調査役として採用された大下ら三人には残業手当がない代わりに、月五万円の手当が出る。大下が経済的に苦しいと思ったことはないが、激務が待っていた。

半年間、帰宅は深夜近くだった。債権の簿価が高い順番に面談し、一日最低十通の督促状を債務者に書き、電話を入れて日誌に残し、住専出身の課長に報告をした。稟議書用にノートパソコンを一台ずつ貸与されたが、使えない。仲間は休日にパソコン学校に通った。大下は自宅のワープロでとりあえず作成し、翌日、派遣社員に「悪いけど、これ打ち込んでくれへんか」。

悶々とした胸のうちを、仲間たちと居酒屋で打ち明ける。

「回収ができてへん」

「どうやったらええやろ」

帰宅すると、「仕事が残ってるんや」と妻の邦子に声をかける。

「あまり無理せんようにね」

と言われながら、午前三時ごろまでワープロで稟議書を作ったこともある。土日になると、債務者の担保物件の実地調査に歩いた。面談が重なる平日にはそんな余裕すらなかったのだ。それを課長には言えなかった。「休日に仕事をするのは結局、自分に能力がないためだ」。そう考えていた。

「人生七転び八起き」と念じながら夢中で働いているうちに、五年が過ぎ、大阪弘容の債権回収にメドがついた。南野の二十億円は、不動産を売却するなどして九億二千五百万円を回収した。

その間、九人の仲間のうち八人までが辞め、大下一人だけが正規社員として登用される。


社内では思いがけないことが次々と起きていた。これは大下が入社する一年ほど前のことだが、住管機構で管理職の立場にあった幹部が、夕刊片手に部下の席にやってきた。彼は日本長期信用銀行から出向していた。その幹部がぽつりと漏らした。

「僕の戻る銀行がなくなっちゃったよ」

彼の母体の長銀も破綻したのだった。前項で紹介した岩崎紀夫も同じような光景に出会った。ハウジングローンが破綻すると、母体銀行の日本債券信用銀行から出向者がやって来て、岩崎に向かって忘れられない言葉を吐いた。破綻処理に当たったその人物は、

「住専がつぶれたのは本当に俺らの責任かなあ」

とぶつぶつ言って、こう続けた。

「しかし、悪いけど、あんたはね、そういうつぶれる会社にしか入れない能力やったんや」

――そこまで言うか。

はらわたが煮えくり返るとはこのことだ。「そうですかね」と返すのが精いっぱいだった。だが、金融危機のただ中で、やがて、その日債銀もつぶれる。

「あんたもそうやったんやないか」。そんな言葉を岩崎はぶつけたかった。

そして、そんな能力しかない住専のもんがどれだけきちっと仕事が出来るか、回収を通じて彼らに見せてやらなあかん、と岩崎は思った。

同じような屈辱感や反骨心は、住専社員だけでなく、大下を含めたすべての破綻経験者の心の奥に秘められていたのだろう。

大下は二〇〇五年から回収機構宇都宮支店に課長として派遣され、破綻後に一時国有化された足利銀行の債権回収に駆り出される。大阪や東京からも約十五人が乗り込

み、アパートで単身生活をした。彼らの出身母体は、住専、信組、日債銀、北海道拓殖銀行、中部銀行と、ここでもごった煮で、彼らと毎日、仕事帰りに飲みながら来し方行く先を語り合った。それは金融の世界で浴びた泥を落とす良い機会となった。

大下の最後はやはり地元の大阪だ。トッカイの後身である特別回収グループに配属され、定年まで勤めあげた。妻の邦子は、ご苦労さん、と言う代わりにこう言った。

「あれやねえ、普通やったら小さな信組で人生終わるところを、いい勉強してよかったよね」

その言葉を聞いたとき、自分に生きる力がついたことを強く感じた。これからは企業再生のようなことをやりたい、と思いはじめていた。

3　トランプにも貸していた

回収機構の債務者リストの中には、〝中坊回収道〟が通用しない案件があった。中坊でさえ、「わけがわからん」と言って、四人ほどの小グループに任せきりにしていた。

その債務者リストには、崩壊したソ連の「対外経済銀行」七十億円、「アルジェリア人民銀行」五十六億円、ソ連「インターナショナル・インベストメントバンク」三十七億円、米国の「17バッテリー・プレイス・ノース・アソシエイツ」十五億円……と聞いたことのない貸付先と不良債権額が記されていた。

「こんな法外なもん、引き受けられん」

まだ住管機構の社長だった中坊は激怒し、幹部たちは頭を抱えた。内部文書である「整理回収機構10年のあゆみ」には、こう記されている。

〈S社グループの業務内容は、住専の子会社としては想像だにできない海外案件のみを扱う会社であり、日本のほか、米国、香港にも会社が存在し、相応の資産を保有していたため、住宅金融債権管理機構における違和感・抵抗感は想像を超えるものがあった〉

S社グループとは、住専の一つである「第一住宅金融」が、バブル直前の一九八五年に、資本金五千万円で設立した百パーセント子会社で、「セフコ」「セフコUSA」「セフコ香港」と、その孫会社から成っていた。第一住宅金融の本社が、東京新都心と呼ばれた新宿にあったところから、「Shintosin Estate and Finance Company」。その頭文字を取って「SEFCO（セフコ）」というわけだ。安直な命名ではあった。

親会社の第一住宅金融は、日本長期信用銀行と野村證券が設立した住宅ローン会社だが、本業の住宅ローンが母体の銀行に侵食され、国内の融資競争でも劣勢だった。そこで、長銀出身者の発案でセフコという海外向けローンを中心とした「別働融資部隊」をつくり、長銀系リース会社や丸紅など商社の紹介を受けて、身の丈に合わない海外貸し付けに乗り出していた。ちなみにセフコは役員から監査役、社員に至るまでほとんどが第一住宅金融の兼務職員で、五人の従業員のうち専任者はたった一人である。融資拡大とともにその専任が五、六人に増えていく。

セフコ三社が貸し付けたリストが何種類も残っている。「残高上位五十グループ」リストは、一九九五年六月に大蔵省が金融検査を実施した際にまとめたもので、その貸出残高は七百四十二億円。このとき、その四割近い二百八十七億円が不良債権化していた。七百四十二億円のうち担保によってカバーされる金額はわずか二割の百六十五億円に過ぎない。ほとんどが無担保だったのである。※5

ちなみに、セフコグループは、「トランプパレスCOパークサウスアソシエイツ」にも七億円を貸し、こちらは全額が不良債権の分類だった。

回収機構の元社員は語る。

「あれは大統領になるずっと前のトランプの会社ですよ。当時のトランプは不動産業者に過ぎず、四度目でしたかねえ、破産を繰り返していたために貸し手がなかなか見つからなかったんですよ。住管機構に譲渡された時、トランプ債権は売却されていたようです」

第一住宅金融の関係者によると、トランプは平成の初めに来日し、新宿の同社本社にも挨拶に訪れている。巨額の債務を抱えたと報じられていたころだ。たぶん、日本の金融機関を回ったのだろうが、トランプは米国の不動産王として有名な存在で、第一住宅金融の社内では、『交渉の達人　トランプ』が読まれていた。その本の最後の項は、〈未来の大統領〉※6になっていたが、「まさかねえ」と誰も信じなかった。

まだ、問題債務を抱える不動産王だったのである。

別の資料には、スペイン国鉄十億円、大韓航空二十四億円、ポルトガル鉄鋼公社二十二億円の記載や、コメコン投資銀行、ウォルト・ディズニー、タイ国際航空などの名前も並んでいる。

それらの債権回収について、中坊は当初、強く難色を示した。住専で海外に多額の資金を貸していたところはほかになかったのだ。住管機構の面々は国内融資しか知らないから、異質の債権をどう処理したらいいかわからない。「何でうちが回収しなくてはいけないんや」と最後までもめたが、結局、引き受けることになり、第一住宅金融から住管機構に担当者を送り出すことになった。

白羽の矢が立った一人が、当時三十七歳、企画部と関連業務部の課長を兼任していた高田泉(いずみ)である。

彼は証券系企業への転職を考えていた。住専破綻のさなかに、優秀な社員だけを集めていた上司がいて、うんざりしていた。そのうちに独立しようと考えていたのだろうが、まるで火事場泥棒のようではないか。そんな人間模様を見て、心機一転の転職に賭けようと思っていたところを、人事部長に呼ばれた。

「あまり困らせるなよ。頼むから（住管機構に）残ってくれ」

高田は総務部のころに、兼務辞令を受けて、設立間もないセフコに出向したことがあった。

——どうしようか。

そのときに、四年前に会社を去った財務部の次長を思い出した。決算の実務責任者で、税理士資格を持ち、真面目一筋の人だった。その男が九二年の初冬に突然、高田の自宅に電話をかけてきた。平日である。高田は仕事から戻り、一息ついていた。

「俺は会社を辞めることにしたよ」

びっくりした。住専各社の経営が悪化し、第一住宅金融は再建計画を立案している。そこまでは知っていたが、財務部次長が退職するところまで追いつめられていたのか。

君はこれからどうするんだ、というニュアンスが、彼の言葉には含まれている。

（俺は決めた。君も考える時期かもしれないよ）と。彼にはセフコの決算書を見てもらったりしていた。全身を耳にして次の言葉を聞いた。

「俺は実家の仕事を継ぐことになったんだよ」

それは嘘だろうな、と直感的に高田は思った。第一住宅金融は巨額の不良債権を抱え、その処理に困った末に、不良債権を移し替える〝飛ばし〟会社群を作ろうとしていた。「ABCDグループ」と社内で呼ぶ債権隠蔽会社である。これに対して、財務部次長は、「こんなことやっていいんですか」と反対していた。

後で聞くと、やはり彼は、第一住宅金融の役員に直言して容れられずに辞めたという。だが、それを表立っては言えないので、同僚たちには「家業を継ぐ」と釈明したようだった。実際に、彼は家業を継ぐこともなく、税理士事務所を東京で開業している。

サラリーマンにはいろんな生き方がある。会社破綻という窮地に直面して、逃げ恥――恥ずかしい逃げ方であっても生き抜くことが大切だ――という選択もあるだろうし、矜持を優先する者もいるだろう。

高田の先輩は不良債権飛ばしという不正に手を染めないことで、財務の責任者として筋を通している。そのときに辞めなかった高田にできることは、セフコグループの債権を処理することだった。無謀にもこんな債権を残してしまった会社を支持するか否かは、いまさらどうでもよいことだった。

一人娘はまだ二歳だった。妻が「あなたは食いっぱぐれのない人だから」と信じてくれた。いつもそうだった。言葉少なに認めてくれるのだ。

住管機構に入社し、東京の関連業務室に配属されると、高田たち四人で問題債権を一つひとつ処理していった。実際は債務者から直接、回収したのではない。マーケットで債権を売却したのである。商社などと掛け合い、シティバンクからゴールドマン・サックス、メリルリンチに至るまで、大手の外資系投資銀行や証券会社と時差を超えて交渉を続けた。一方には「パリクラブ」「ロンドンクラブ」と呼ばれる国際的な債権者機関があった。

これは政府や中央銀行に対して資金を貸し付けている民間の金融機関が、債務国側と返済交渉をするための会合である。

「一度にバルクセールのようにまとめ売りしようとすると、買い叩かれるんですよ。ハゲタカもいる。だから銀行などほかの債権者に付かず離れず、マーケットの動きを見ながら売っていきましたね」

高田が当時を振り返って言う。

「ソ連対外経済銀行で言うと、ソ連が崩壊しちゃって支払いも全部止まっていましたよね。ロシアが誕生し、我々みたいな一つの債権団と、普通の銀行がソ連に貸した債権団があり、パリクラブだったか、銀行団とロシアが交渉した。ロシアがこの案件で『七十億円の残高があるのを十年、二十年かけて四割払います』と言いますよね。いわゆる倒産した会社の整理みたいなもので、『これだけ返します、残りは放棄してください』という話です。

　すると、合意が成立した段階で、この債権を買いに来る金融機関がある。七十億円の債権を四割返すとすると二十八億円。でも、本当に返してくれるかどうかはわからない。そのリスクを取らずに、今度は『二十八億の七掛けで買います』という金融機関が出れば、債権をそのまま売っちゃう。そうやって不良債権を回収していました」

　セフコグループの処理には六年近くを要し、第一住宅金融から譲り受けた価格の二倍以上の四百二十六億円を回収した。

　その後、高田は新中期業務計画策定委員や大阪特別回収部の次長を務めた。トッカイでは、競売にかけるため広域暴力団山口組系の組事務所の内覧に立ち会ったりした。回収機構にいた弁護士が、敵方のパチンコ屋の顧問に回り、激しくやり取りしたこともある。

「一定額を払うから、残りのパチンコ屋の債権は放棄してもらえないか」とその弁護士は依頼してきたのだが、悩んだ末に細かく調べてみたら証券会社に多額の資産が残っていた。

　弁護士は報酬をもらってその隠蔽行為を承知していたのではないか。回収側から妨害側に回ってもいいのか——そんな疑問を抱いて隠し資産を差し押さえた後、弁護士に詰め寄った。

「あなたはこの財産隠しを知っていて、債権放棄を求めていたんですか。これは大変な問題ですよ」

そんな許せない行為を見たり、ヤクザ相手の恐ろしい体験をしたりしたが、高田としては、やはり、セフコグループの海外債権処理に頭を悩ました記憶のほうが鮮明に残っている。

そんな特別回収の現場もあるのだ。

高田は二〇〇八年に回収機構を辞め、食品スーパー企画担当部長などを経て、「まちづくり川越（川越市中心市街地活性化協議会）」の取締役を務めている。

彼の娘が中学一年生のころ、教師に父親の職業を聞かれたことがあった。

「住管機構です」と答えると、「あまりいい仕事じゃないね」と言われたという。

がっかりしていた。

その娘に二年後、回収機構を退職する、と告げたら、娘は、「なんで辞めるの？」と言った。もっとやればいいじゃん。高田に向けた顔が笑っていた。

胸の奥にあったつかえのようなものが、ようやく取れたような気がした。

第六章
容赦なき回収は終わるのか

1 こっちに来たほうがええ

下國士郎は迷っていた。富士銀行に帰るべきかどうか。

回収機構に出向していた富士銀行の仲間は、中坊の秘書役一人を残してすべて帰ってしまっていたのだ。

銀行や地銀から住管機構に出向した彼らの大半は三十代であった。下國の場合は九六年七月に、四十六歳で出向していたが、二年ほどすれば銀行から「戻ってこい」と声がかかると思っていた。

ところが、混乱した野戦の現場で重宝され、九八年になると、住管機構の上司から「君の出向は延長しておいたからね」と告げられてしまった。出向延長のまま、大阪の特別整理部次長に、そして九九年四月から初代トッカイ部長に就いている。

そろそろどうするか、はっきりさせなければならないのだが、銀行に帰った者はそれなりに優秀な行員だったはずなのに、帰任後、多くが冷遇されているのを下國は見ていた。出向組は直接、銀行に貢献していないので、「一回休みの行員たち」とみなされていたのだった。

「私は残ればよかったと思っています」と言ってくる仲間もいた。「住専の母体行責任を負わされ、住管機構で苦労したのに、結局、俺たちは損をした」と考えているのだ。

考えてみると、銀行出向者の忠誠心の向かうところは実に曖昧であった。

全国銀行協会の会長行だった富士銀行からは十数人、銀行界から全部で約百人が出向させられていた。彼ら出向者の給料は四百万円まで母体の銀行が負担し、残りを住管機構やその後身の回収機構が負担していた。明らかに銀行のひも付き社員なのである。

そして、出向者は定期的に、母体行に報告をするよう求められている。住管機構時代から人事や債権回収の内容、中坊や幹部らの動向などについて、レポートを提出しなければならなかったのである。それは銀行側で出向者を管理するという意味に加え、住管機構が回収目標にしている債務者を、銀行も追っているケースが多いという事情もあった。競合関係にある債権もあり、中坊たちの出方は銀行の関心事であった。

ところが、下國は箇条書き程度しか報告を上げなかった。報告先は富士銀行の人事部だが、下國は銀行の、それも人事部に詳細なレポートを出してどうするんだ、という疑問を持っている。下手をすれば内通であり、住管機構側から見ると情報漏洩ではないか。

「もっと報告を寄こすようにして下さい」

「いや、書くことがないんですよ」

「こんな内容では困ります」

銀行の人事部担当者と揉める。内心で下國はそんな暇はないわい、とも思っていた。報告を出せ、出せません、というそのやり取りは、やがて出向者の間に知れ渡った。

それを知っていたのか、中坊や専務の中島たちはこう声をかける。

「お前、もうこっちに来たほうがええんちゃう。もうここまで出向が長かったら、銀行では今浦島だよ。嫌われるだけや」

両親は「お前の好きにしたらいい」と言った。意外だったのは、てっきり反対すると思った妻の両親が「よく頑張ってるじゃないか」と言って、転籍に賛成してくれたことだ。自分たちの働きが認められたようで嬉しかった。

結局、下國は銀行には戻らなかった。

回収機構が発足して半年後の九九年九月末に富士銀行を辞め、回収機構に転籍したのである。一生、安定した給与と高額の退職金を約束された銀行員に対し、回収機構に転ずればどうなるかわからない。給料ひとつをとっても富士銀行時代よりも少しずつ減っていくのだ。妻が「また下がったね」と漏らすのが少し切なかった。二人の子供を私立大学に通わせ、カネは必要だったのである。

だが、時代は変わっている。九八年には長期産業資金を供給し続けた日本長期信用銀行や日本債券信用銀行までが経営破綻した。下國はこう考えたのだった。

――銀行に戻っても、どうせ俺は同じ不良債権回収をやるんだろう。それなら回収機構で力を尽くすほうがいい。昔は銀行はつぶれないという神話があったが、長銀までつぶれる時代なら、どこでやっても同じようなものだ。中坊さんや中島さんも好きだし、できれば回収の道筋をつけていこう。それにこの組織がどうなるか、最後を見届けたいしな。

トッカイ部長になってから、下國は暴力団関係者への融資回収チームを特別に作り、自分の名前で組事務所や企業舎弟の会社などに督促状を発送した。「暴力団御用達」と呼ばれる信用組合もあったのである。信組の資金が企業舎弟の金箱になっていた。

あちこちから破門状や絶縁状が下國宛に届いた。書状には簡単な前口上があり、組員の名前があった。

〈右の者を破門いたしましたのでご通知申し上げます〉

回収機構が追っているこの男は、絶縁してうちの組には関わりのない者ですから、どうぞ存分に取り立ててください、というのだ。

破門や絶縁が本当なのかどうかはわからないが、組織的に対応してきたのには驚いた。強制執行の通知を出すと、「どうぞ、お上に逆らうことはいたしません」といった趣旨の手紙が組長から届く。自宅には、「せいぜい頑張ってくれ」といった嫌がらせの手紙が届いた。暴力団側は、下國の自宅もちゃんと調べていたのだった。

特に競売申し立てについては、支配人登記をしている部長や支店長の自宅住所が申立送付状に明記されるため、報復を恐れる声があがった。裁判所に改善を交渉し、申し立て時に本社か支店の所在地を記せば良い、という特例が認められたのは数年後のことである。

下國は一時、中坊の東京出張に同行していた。護衛役である。剣道五段の腕と気性を買われたのだろう。毎週月曜日の始発の新幹線で京都から東京に向かう中坊と同乗し、議論しながら本社に送り届けていた。

ところが、今度は自分が警察の警護対象になった。地元の警官が自宅を巡回して回り、連絡箋を置いていく。私服の刑事までが「何か変わったことはありませんか」と妻に声をかけていった。

それが頻繁なので、近所の人などに、「おたくのご主人、何してはるの」とか、「あんたのとこ、なんか悪いことやってんちゃう」と冗談めかして言われる。「怖くはないけど、うっとうしい」と妻はこぼした。

逆恨みを買うかもしれない、と思っていたが、手順を踏んで真正面からぶつかっていくしかないのだ。「それでやる言うんならやってみたらどうですか、というぐらいの気持ちで行け。逃げなければ、逆に叩かれない」――自分にも部下にもそう言い聞かせていた。

一方、富士住建など大口の債務者のところには、トッカイを直接送り込んだ。社長とひざ詰めで、再建計画を立てさせ、会社を生かして回収しようというのだ。

「毎日、社長のところに行くんだ。くっついて実態を把握してこい。そして、社長に懇々（こんこん）と説明して、何としても計画を組み立てろ」

担当班にそんな指示をして、社長のそばにトッカイの机を置かせた。銀行時代の下國は融資先の現実をつかむために、経理部ではなく会社の出荷場のようなところを歩いていた。そのように現場に行かなければわからないことがあるのだ。

日曜日でも急ぎの案件があると、全班長の自宅に電報を打って集めたこともある。〝全員集合〟というわけだ。全員の電話番号をつかんでいないころの話である。

一年近く経ったころ、下國は高熱で倒れる。救急車で病院に運ばれ、過労だと診断されたが、医者に「このままだと死にますよ」とおごそかに告げられた。それで一日に四箱も吸っていたタバコをやめた。

一週間ほど入院し、「体力がもたんかったらどうするかなあ。郷里に帰るしかないか。それとも、もう一回、学校にでも行って勉強するか」などと考えていた。だが、退院すると、また激務の渦のなかにいた。再び飛び込んだというべきかもしれない。


「僕な、やっぱり戻りたいんや」

かつての出向社員が妻に転職の話を切り出していた。富士銀行から住管機構の特別整理部に出向していた津田敏夫である。その出向期間も終わり、いまは再び銀行に帰っていた。

遅い夕食の片づけに立ったときを見計らって、津田が声をかけると、妻の美樹は泣き出した。これが二度目なのである。

「その話はせんといて!」

数日前にも小さな言い争いをした。午後八時四十五分のNHKローカルニュースが流れていた。

「僕はな、細かな事務をする銀行員より、機構に戻って働くほうが向いているんや。この先、銀行もどうなるかわからへん。整理回収機構は国策の会社だから、絶対に倒産せえへんよ」

そうして説得したときも、美樹は「なに言うてんの」と一蹴した。

彼女は四つ年下で、富士銀行の支店で知り合った。行内結婚である。美樹は父親を高校時代に亡くし、堅実に育っている。安定した銀行員と一緒になったつもりだろうし、八ヵ月前に長男が生まれ、子育てに追われていた。唐突に転職を言い出した夫に驚き、怒るのも仕方のないことだった。

だが、津田は回収現場への〝出戻り〟をもう決心していたのだった。富士銀行からトッカイ部長に転籍していた下國に、「もう一度、入れて下さい」と電話を入れていた。

「なんか、あったのか？」

下國は銀行の先輩でもある。それだけを尋ね、「まあいいや、来いよ」と言った。

そこは、組織を創る喜びを教えてくれた場所だった。

戻ろうとしたきっかけは、直前の九九年暮れ、富士銀行で人事面接があったことだった。津田は、いまいる大阪駐在融資部から大阪・四ツ橋支店の融資課長に出てもらう、と告げられたのである。それはいやだ、と抵抗したのだが、鼻っ柱の強い津田に向かって、人事担当者は、

「銀行員は支店を回って偉くなっていくのだから、ここで支店に出ないとだめですよ」

と諭すように言った。津田は不惑の四十歳を前にしていた。いまさら支店でおばち

ゃんの年金指定口座をもらってきたり、積み立て口座を取って来たりするのか。

それに、前年の九八年に日本長期信用銀行や日本債券信用銀行までが経営破綻し、九九年八月には、津田のいる富士銀行も第一勧業銀行と日本興業銀行との統合を発表していた。みずほフィナンシャルグループとして出直すまでに、富士など三行はそれぞれリストラや出向人事の強化に打って出るのは明らかだった。三行合併ということは、行員の目標の一つである支店長のポストだって三分の一に減る、ということだ。このまま組織の歯車として働くのは無理だな、と思ったとき、気持ちは一年前まで働いた整理回収機構に大きく傾いていた。

面白い世界だった。びっくりしたのは、平然と嘘をつく人々が本当にいるということだった。債務者の一人は「このビルを売って返します」と信じさせ、次にその話を持ち出したら、「え、そんなこと言いましたっけ」と言った。滔々（とうとう）と釈明するが、全部嘘だ。脳科学者の中野信子なら「サイコパス」と診断するのかもしれない。息を吐くように嘘をつく人たちがいる、と素直な驚きがあった。

津田は主に担保不動産の任意売却を担当したが、遊軍兼務だったから自分で仕事を作り出す一面もあった。出戻りの今回も、回収機構には十歳年上で反骨者の下國がおり、旧知の中島がいる。それが津田の決断を強く後押しした。

出向のまま古巣に戻らなかった下國も珍しい人種だが、津田のように一度、銀行に戻った行員が、給料の安い回収機構に戻ってくるのははじめてのことだった。

出戻りの津田に下國が与えたポストは、大阪トッカイの特命班長である。九班まで膨れ上がったトッカイで、「企業再生」を担当する番外部隊だ。下國は「最大の回収は企業の再生じゃないか」と考えていた。

住管機構時代と違って、巨大銀行まで破綻する時代である。不良債権を抱えているからといって、とことん追い詰めれば、日本の中小企業は滅びてしまうだろう。企業を再生させることで債権回収を図ろう、という考え方が、政府と回収機構の新たな流れになりつつあった。しかし、言葉は美しいが、赤字企業の立て直しは実に難しい、と津田は思った。

――いつの時代でも再生対象企業は、黒字だが借金はとても返せないという会社だ。それも、キャッシュフロー（事業を通じて実際に稼ぐカネ）がある会社でないと、再生は無理だ。

たとえば、パチンコ業、ゴルフ場、医療機関、ラブホテルである。これなら日銭が入り、利払いはできる。問題はその先の元本回収であり、経営陣をどう説得し、処遇するかだ。ワンマン創業者や経営者一族が資産を隠したり、再生の壁になったりするのであれば……回収機構自体が異例の会社更生手続きを申し立てて、彼らを一掃することもやむを得ない。津田たちはそんな強硬策に傾いていた。

実は、経営一族の資産隠匿をうかがわせる情報も、トッカイには寄せられていた。その一つは、お手伝いさんからの告発である。

「うちの社長は自宅に大金や宝石を隠匿していて、預金保険機構の立ち入り調査にも隠し通したんです」というのだった。さっそく津田たちは駆け付け、そのお手伝いさんから事情を聴いた。

「どういうことなんですか」

「債権者のなかにも泣いている人はいっぱいいますよね。それに、あなたたちが債権を回収できなければ、結局、私たちの税金で賄うのでしょう？　私らはちゃんとごまかさずに税金を払っているのにね。社長が現金を隠していることはわかっているのだから、何とかしてください」

「それで、どこに隠されていたんですか」

「社長の自宅寝室の奥には秘密の小部屋があって、その中に金庫があるんです。私もそんな部屋があるとは、泥棒に入られるときまで知りませんでした。部屋にはボストンバッグが十個ほど置いてあって、その中に新聞に包まれた札束が入れてありました。泥棒はその一つを持って逃げたらしく、奥さんは『被害は現金で四千万円、宝石で三千万円だったわ』と言っていました。そのおカネは、社長室長たちが本社から運んだもので、部下の一人は多いときで一億円ずつ、スーツケースで運んだそうです」

津田たちがはじめて聞く隠し金の話である。彼女は言葉を継いだ。

「社長からは、『泥棒に入られたことが漏れると債権者が押しかけてくるから、誰にも言わないように』と言われました。警察には私が被害届を出しに行ったのですが、その警察にも口止めされました。あの事件の後、社長が出張でいない夜は、側近の人が泊まりに来ていましたが、社長は『刺されるかもしれない』とか、『右翼から電話がかかって来るかもしれないから、電話の取り次ぎを控えるようにな』とか言っていました」

お手伝いさんの衝撃的な話は続く。現金と宝石だけでなく、金塊も置いていたという。

「預金保険機構というんですか、その人たちが立ち入り調査に来るとわかったとき、社長はあの齢で一晩かけて、金塊を寝室の天井裏に隠したんです。調査が終わって一段落したあと、車で運びだしました。私も運ばされたけれど、とても重かった。あの立ち入り調査のときに、お手伝いが三人働いていたけれど、社長に『誰かが来たら二人は隠れていろ』と言われていたので、ほかの二人は部屋の中でじっとしていて、私だけが応対しました。奥さんはシャネルのスーツしか着ないから、立ち入り調査の人たちの前に出るときは、ボロの服を探すのに大変でした。

会社が傾いてから、連日、親族会議を開いて、寝室の現金や貴金属の隠し場所を議論していました。結局、親族や社長の信頼する人たちに、現金を一億円ずつというように分散して預けたと言っていました。銀行の貸し金庫も借名で借りています」

これは悪質な債権回収妨害である。家宅捜索や立ち入り調査をものともしない経営者は、末野だけではないのだ。津田はその証言を上司に報告し、預金保険機構にも追跡を依頼した。そして、法律を盾にこの社長たちの経営権を奪うこともやむを得ない、との判断を固めた。

ただし、債権回収や事業継続を理由にしても、回収機構のような国策会社が中小企業相手に会社更生法を次々と利用するというのは、やはり異例のことであった。

そして、津田たちが執ったその強硬策が、取り立て以上の騒ぎを引き起こしていく。

2 中坊時代も終わるんか

そのころはまだ、整理回収機構の窓も外に向かって大きく開け放たれていて、大阪の元新聞記者だった中川剛毅(つよし)を広報顧問として雇い入れる余裕さえあった。NHK「クローズアップ現代」取材班の収録は、その広報顧問の同席や機構幹部の制約を受けたりすることもなく、回収機構の内外で自由に続けられていた。

取材が始まって半年ほど過ぎた、二〇〇二年二月ごろのことである。回収機構大阪支店の会議室で、特命班長の津田敏夫は、NHKディレクターのインタビューを受けていた。

NHK取材班は、回収機構が企業再生を図りながら債権を回収する新手法を取りはじめたことを知り、新たな回収の現実を描こうとしていた。彼らは新手法がやや手荒だと思っており、その実例の一つとして選んだのが、大阪府大東市に本拠を置くレストランチェーン「シャロン」の不良債権処理劇であった。

津田の特命班がそれを担当し、激しいやり取りの末に、オーナー社長を更迭へと追い込んでいた。収録が進み、津田がその談判の様子を説明しているときのことである。インタビューを聞いていたディレクターの樋口俊一が突然、ベテランのカメラマンに向かって言った。

「ちょっと止めてもらっていいですか」。そして、小声で津田に切り出した。

「実はあのやり取りね、向こうは（隠し）テープに録ってたんですよ」

――隠し録り？　そこまでやっていたのか。

津田は仰天し、しどろもどろになってしまった。

シャロンは、酒屋の配送から身を起こした加門（かもん）正一が、一九六八年に創業したレストラングループで、外食ブームに乗って関西や九州、米国、中国にも進出していた。帝国データバンクなどによると、バブル期にはレストランだけでなく、ホテルやゴルフ場経営にも手を広げ、九一年三月期に二百二億七千八百万円の売り上げを計上している。

ところが、バブル崩壊後、消費不況に加えてリゾート開発の頓挫(とんざ)が相次ぎ、さらにゴルフ場の会員権償還が重なって、金融機関から借りた約五百億円の融資が焦げ付いた。悪いことは続くもので、主力行の日債銀や長銀が経営破綻し、約百億円の不良債権が整理回収機構に譲渡される。

その回収は、大阪トッカイ第二班がシャロン側と交渉していた。それを見ていた津田は、トッカイ部長だった下國にかけあった。

「これ、特命班でやってもいいですか？」

短期間に再生するには、何よりもその会社にキャッシュ（現金収入）がないとだめだ、と津田は思っていたのだが、シャロンはその条件に合致している。担当を代わってもらって精査すると、シャロンがレストラン事業など本業では約十八億円の黒字なのに、リゾート開発に注ぎ込んでいるために、グループ全体では二十一億円の赤字に陥っていることがわかってきた。

そこで、ワンマン創業者の加門に対し、リゾート事業から撤退することで再生を図ろう、と再三提案したのだが、彼は耳を貸さない。本業のレストランの老朽化にも対処できないまま、社員への給料支払いも滞りはじめたため、二〇〇一年七月、津田たちはとうとう加門を回収機構に呼んで、社長辞任を迫った。負債総額は一千百五十一億円を超えている。

しかし、加門は応じなかった。数字の上では債務超過でもここを粘り抜けば何とかなる、と信じているのだった。津田は思わず机を叩いて、加門に言い放った。

「そこまでなめられるのなら、私はもうやらんよ」

それを聞いて、今度は加門が激怒した。

——アホ！　何を言うてるか。

加門にしてみれば、目の前の津田は親子ほども年が離れている。お前のような頭でっかちの若造こそなめるなよ、と思ったのだ。加門は憤然と席を蹴って部屋を出て行った。同席していたトッカイの副部長は、廊下で津田を叱責した。

「あんな言い方はやめろ。個人的な恨みを買うぞ」

しかし、交渉が決裂したことで、回収機構の下國たちは創業者を排除するしかないと決断する。それ以前から、特命班は会社の幹部たちから詳細な内部資料を集めていた。側近たちはすでに創業者から離反しつつあったのである。その資料をもとに五カ月後、回収機構はシャロングループ二社について会社更生法の適用を申し立てた。そして、大阪地裁で保全命令を受けると、加門を社長の座から更迭してしまった。

それはやや常識外れの強硬策であった。会社更生法は、社長らの経営権を奪って管財人の下で再建に当たるもので、かつての三光汽船や吉野家、日本航空のような大きな会社の再建を想定した手続きである。特命班がこの手法を使うのは、二ヵ月前の大宝塚ゴルフの再建に続き二度目だったのだが、整理回収機構社長の鬼追明夫は、はじめてこの策を津田から聞いたとき、

「会社更生法って知ってるのか。お前がやろうとしていることは、牛刀をもって鶏を割く(さ)ような世界ちゃうか」

と驚いたように言った。大阪の大宝塚ゴルフやシャロンのような中小企業に適用申請するのは大げさすぎる、というのである。倒産した会社を解散させずに再建するには、会社更生法とは別に民事再生法があり、利害関係者が少ない中小企業には、主として民事再生法が活用されてきた。こちらは手続きが簡易で、手早く進めることができるからである。

津田も最初は民事再生法を使おうと思っていたのだった。ところが、裁判所に相談しているうちに、民事再生手続きだと、つぶれた会社の株主がそのまま残るのでオーナーを一掃できないことに気付いた。こんな助言も受けた。

「しかし、会社更生法であれば、株の権利も白紙になるから、オーナーも更迭でき

る。回収機構の計画通りにゴルフ場を売りたいのであれば、会社更生法しかないですよ」

そんな話をすると、鬼追も、それは一理ある、と言い出した。

「裁判所がそれでいいというなら、会社更生の申し立てせえや」

ただし、回収機構のように、多数の弁護士を擁する国策会社が、法律を盾に次々とオーナーや社長をクビにするのであれば、強権的とのそしりを受けかねない。要はその手法が公明正大で、真に事業継続と債権回収のためになるのかということである。

大宝塚ゴルフの場合は、同族経営の幸福銀行直系ゴルフ場で、総額三百十億円の負債を抱えていた。会社更生法の申し立てをする前日のことである。すでに大阪トッカイは、同社の経営陣を一掃して債権回収に踏み出すしかないと決断していたのだが、トッカイ部長の下國が、

「これは相手に事前に伝えないと、だまし討ちになるんじゃないか」

と言い出した。それで津田は夕方に、特命班の二人で大宝塚ゴルフに乗り込んだ。ところが、社長たちを前に切り出せない。いつもの現状視察だと、彼らは思っているのだ。頑張って返します、という趣旨の嘆願書も届いていた。申し立てが認められれば、経営陣は更迭なのである。

「食べていってください」

と言われて、カレーを注文し、津田は「おカネは払います」と千円を出した。班員の一人はいたたまれなくなったのか、途中で帰ってしまった。

——まだ、肝心なことを切り出してへんやんか。

そう思いながら、津田はカレーを食べ、コーヒーを飲んで一気に言った。

「実は、明日、会社更生の申し立てをします。それをお伝えに来ました」

座が静まり返った。何か言わなきゃいけないな、と思いながらも言葉は浮かばない。会社はもうリセットされるのだ。

「では、これで」

気まずさを飲み込み、津田は席を立った。針のような視線が全身に突き刺さるのを感じた。企業再生という言葉は前向きで美しく響くけれども、回収前提の企業再生は、人間同士の愛憎劇だ。

津田の特命班は、大宝塚ゴルフ、シャロンに続き、二〇〇二年一月末に、大阪市北区に本社を置くゴルフ場経営の最大手「スポーツ振興」にも同様の会社更生法を使った。だが、NHK取材班はシャロンと特命班の攻防に関心を抱いたようだった。それは加門の強い個性と、彼がこっそりテープに記録していたやり取りに惹かれたのだろう。取材班はハワイにいた加門に会ってテープの存在を知り、津田をインタビューしているときにそれを聞かせた。

津田が机を叩いて加門に社長退任を迫るシーンである。津田が言う。

「五百億円どうするん。誰が泣くん、五百億。最後は」

加門は「しょうがおまへんがな」と答える。「わてかてやね、やるときは誰もこんなふうに踏み倒そうと思ってやってきたわけやあらへん」

「そんなら、もうあきらめたら」

これで加門は切れた。

「あきらめたらって、そんな殺生な言い方はありまへんやろ」

結局、シャロンの攻防劇は二〇〇二年四月のNHK「クローズアップ現代」で放送され、後に出版された本※1でも紹介されている。

加門はその後、「社長に会わせろ」と迫ったが、鬼追は相手にしなかった。津田は回収という行為がいかに恨みを買うものかを噛み締めたが、社長を更迭して債権回収を進めたことには後悔がなかった。彼は翌年に回収機構を辞め、大阪で企業コンサルタント会社を興して、会社再生やM&Aの仲介などを手がけている。

あの隠し録りは、回収機構の応接室で行われていた。それに、誰も気付かなかった。一方の回収機構にも録音、録画装置が備えられ、トッカイや特別対策部の社員が別室で聞いてはいたものの、もっぱら反社勢力用で、しかも録音の感度が良くなかったという。それを知っていてトッカイの社員はさほど気にしていなかった。

整理回収機構は攻めには圧倒的に強いが、守りにはもろい組織なのだった。

ＮＨＫの放送から半年後の十月二十二日夜、奈良県から一通の告発状を持った男が、東京地検特捜部を訪れた。大阪の不動産会社「朝日住建」の元監査役で、増田修造という。朝日住建は、富士住建、末野興産に続く関西で三番目の大口債務者で、大阪トッカイが債権回収を担当していた。告発の趣旨は次のようなものだった。

〈住宅金融債権管理機構は一九九八年に、朝日住建の担保の土地を売却させようとした際、他の債権者である明治生命と横浜銀行に四十三億円の売却額を伏せ、三十二億円で交渉を進めているように見せて抵当権を抹消させた。当時、住管機構の社長だった中坊公平ら四人が、自分たちの回収額を膨らませようとしたもので、詐欺と詐欺未遂にあたる〉

増田は翌日、東京地検の隣にある司法記者クラブで記者会見をするが、告発を報じる夕刊記事の扱いは小さかった。住管機構時代の話だし、この二年前、すでに回収機構社長の鬼追が不適切な回収だったことを認めて謝罪していたからである。中坊は回収機構顧問を辞任、交渉を担当した顧問弁護士も契約解除されるなど処分も終えていた。

だが、それは決着済みの問題とは、片付けられなかった。

増田は「動かぬ証拠」を保管していた、と語る。それは、朝日住建の幹部が担保の土地の売却をめぐって住管機構と交渉したやり取りをひそかに録音した約四十本のテープだった。朝日住建は社長の松本喜造が虚偽の売買契約書で取引代金の一部をだまし取った詐欺事件で逮捕され、家宅捜索を受けたのだが、押収を避けるために増田が預っていたのだという。

告発の舞台となったのは、大阪府南部の泉北ニュータウンに広がる一等地である。朝日住建が住専の一つ「住総」から融資を受け、超高層ホテルの開発を進めていたが、バブル崩壊とともに資金が行き詰まり、鉄骨組みのまま放置されていた。住管機構によると、「一種の廃墟のような観を呈しており、地域住民にとって醜いものとして映っていた」という。

それが一九九七年に入り、住総の債権を買い取った住管機構が、この用地を東京の三井建設に売却させようとしたことから、再び事態は動きはじめた。土地は朝日住建のものだが、住管機構が債権を回収するため、三井建設や大阪府などにかけ合っていたのである。

ただ、それにはいくつもの面倒ごとが待ち構えていた。

一つは、この用地は四千七百二十五坪と、四百五十坪の二区画から成り、大区画のほうには明治生命保険と横浜銀行が第一順位の担保権を設定していた。住管機構は後順位の担保権を持つに過ぎなかった。住管機構は、隣接する小区画の土地にこそ第一抵当権を設定していたものの、こちらは大区画に比べると十分の一の土地で、傾斜地でもあった。開発は、大区画の土地抜きには成り立たなかったのである。

つまり、用地の主たる抵当権者二社を、利用価値の低いところに抵当権を持つ住管機構が引っ張り、再利用計画や回収の絵図を描いて、交渉をまとめるという構図になっていた。もちろん、国策会社としての交渉力が背景にあって可能なことである。

もう一つは、この回収を実現させるには、土地の所有者である朝日住建を協力させることが必要だったのだが、朝日住建は一方で、中抜き詐欺という手法で回収を妨害する悪質な借り手でもあり、住管機構はそれを追及する二律背反の立場にあった。

そのさなか、住管機構の交渉が実って、懸案の二区画の用地に三井建設側から計四十三億円の買い値が付いた。もちろん一体のマンション用地としての評価である。だが、そのまま明治生命や横浜銀行に伝えれば、抵当順位や債権額の多寡がものをいうから、努力の割に住管機構の取り分は減ることになる。

大阪トッカイの担当者は考えた。「回収の極大化を図るにはどうすればいいか」と。回収の極大化とは、中坊たちの言葉で、一円でも多く不良債権を回収することである。

二社はこれまで回収の策を講じてこなかったのだから、汗をかいた自分たちが多く取るのは当たり前だ、という心理も働いていたのだろう。

住管機構の担当弁護士らは翌年、二社には四十三億円という買い値を伝えず、三十二億円と誤信させたまま抵当権を抹消させてしまった。四十三億円の内訳は大区画が二十六億円。これに対して、住管機構が優先回収権を持つ小区画は十七億円と、ひどく高く評価されていたが、「二社は小区画の抵当権を持たないので、価格を伝える必要はない」と伏せたまま、了承させていた。

結局、この計画は大阪府が「売却価格が著しく不均衡である」と指摘したことで白紙に戻り、価格を見直して売却された。しかし、回収額を膨らますために、銀行や生保を欺いたことは、テープがある以上、隠すことができない。しかも、朝日住建側は社長が逮捕されたことで、住管機構や中坊に猛反発しており、そうした反感が増田の告発を後押しした。

特捜部の検事は、増田がそのテープのコピーを持っていることを聞くと、すべて文字に起こして持ってくるように依頼した。

それらの証拠に基づいて、検事は約一年後、中坊や回収機構の社員たちを取り調べ、追い詰める。結局、詐欺容疑で告発された中坊は、起訴猶予となった。回収実績を挙げるために犯したことで、中坊らに個人利得はなく、しかも彼は弁護士廃業に追い込まれたからである。

「朝日住建だけやなく、回収機構も同じようなことをしとるやないか、という反発があった。中坊さんには尊敬すべきところもあったが、そこは許せなかった」と増田は言う。

大阪トッカイの中には「はめられた」と怒る者もいたが、関係者の多くは口を閉ざした。中坊の相棒だった専務の中島馨は監督責任を問われて常務に降格処分を受け、当時、トッカイ班長として朝日住建との交渉に同席していた池田等も同様に、大阪特別回収部副部長から同部次長に降格された。彼は下國の次の特別回収部長に昇格すると見られていたが、降格と同時に大阪整理部へと異動した。左遷人事は誰の目にも明らかだった。気がつくと彼は「七転び八起き」と唱えており、それが人生訓となった。

そして、「一番総理にしたい人」と言われた中坊は、二度と表舞台に現れることはなかった。

弁護士廃業から一年四ヵ月後に、大阪弁護士会に弁護士再登録を申請したこともあったのだ。弁護士事務所に戻ることを夢見ていたのである。だが、再登録に抵抗があるのを見ると申請を取り下げ、京都の自宅で十年間、蟄居（ちっきょ）のような静かな生活を送った。やがて、中坊に牽引された住管機構や回収機構の社員たちの奮闘があって、日本が不良債権時代から脱したことも、少しずつ忘れられていった。

彼は当時の政官界によって、不良債権回収の大舞台に担ぎ出され、徹底的に使われている。その意味では、彼もまた混乱の時代に打ち込まれた〝奪り駒〟の一人だった。中坊は二〇一三年五月三日に八十三歳で亡くなったが、その六年前、朝日新聞の記者にこんなことを話している。

「忍辱（にんにく）という言葉が仏教にありますね。辱めに耐えるという行。弁護士をやめて三年、何を味わったかと言えば忍辱の思い。想像以上につらいものでしたね」※2

「不適切回収」とそれに続く処分は、「容赦なき回収の時代」の終わりを告げる事件でもあった。

鬼追の後任として二〇〇四年四月に着任した三代目社長・奥野善彦は、会社更生法や民事再生法など企業再生を得意とする弁護士であった。

その二ヵ月後、回収機構の上部組織である預金保険機構の理事長も、元東京地検特捜部長の松田昇から、元大蔵省銀行局銀行課長の永田俊一に交代した。検察出身者から大蔵省出身者にバトンタッチするという、路線変更を象徴する人事であった。

回収機構が十周年を迎えた二〇〇六年、奥野は、広報顧問の中川が書いた『債権回収最前線』（中央公論新社）に次のような文章を寄せている。

〈住宅金融債権管理機構として発足したＲＣＣ（整理回収機構）の誕生当時は、その頃の国民感情もあって、RCCの使命は悪質債務者に対し容赦なき回収にあたるものであったが、時代の進展とともにRCCの理念も様変わりをしていかなければならなかった。
企業が社会の多様なニーズや要望に的確に応えていく姿勢をコンプライアンスというのであれば、RCCほど、時代の進展につれてコンプライアンスの中身が変化してきたところはなかったのではないか〉
中坊の厳格回収の時代から、企業再生の時代へと、整理回収機構は大きく舵を切っていく。問題は、トッカイの追及が緩むのを、海外や刑務所でじっと待っている面々がいたことである。

3 雌伏のときも血が騒ぐ

末野謙一が兵庫県加古川市にある加古川刑務所の門をくぐったのは、回収機構の発足から半年後の九九年末のことである。資産隠し事件をめぐって三年に及ぶ裁判を争った末に、大阪地裁で懲役四年、罰金三千五百万円の実刑判決を受けていた。※3
刑務所暮らしの前に、彼はいったん、判決を不服として大阪高裁に控訴し、二ヵ月後に取り下げている。判決後、再保釈のための保証金十五億円が調達できず——たとえうまく集めても、末野の紐付きのカネとわかれば、また管財人に差し押さえられるのだ――どうせ収監が続くのなら、服役して一刻も早く刑期を終え、再起を期そうとしたのである。

末野の恐るべき積極思考と事業欲はこんなときにも現れる。裁判長の上垣猛が刑期をまけてくれたのや、と彼は思っていた。周囲に繰り返しこう漏らしている。

「ウエガキさんいう裁判長やったけど、求刑七年のとこを四年にしてくれはったんやな。褒めてくれたなあ、あの人。わしのやったことは悪いけれども、あんたは魅力的な男と言うてくれた」

確かに上垣の判決は、この借金王には優しく聞こえたであろう。

その非をとがめる一方で、上垣は資産隠しの動機について、「瀕死の末野興産を生き残らせるという利己的で非難に値するものであるとはいえ、バブル経済の崩壊というその当時の経済人らの予測を大きく超える経済変動の流れの中で、被告人末野らがそれまで全身全霊を傾けた会社を潰したくないという思いが根底にあり、その心情そのものは理解できなくもない」と判決文に書いている。その判決文を読み上げた後、末野を見下ろし、異例の言葉をかけた。

「あなたは豪放でカリスマ性もあり、一個人としては魅力的な人だと思います。人の真価は不遇な時にこそ現れます。これからの生き方の中で、より高い評価を得られるようにして下さい」

しかし、トッカイや管財人は、そんな甘いことは言わない。末野にはまだ隠し資産があると考えているのだった。だから、管財人の田原睦夫らと力を合わせて資産を見つけては追いかけ、十年という末野に対する債権の消滅期限が近づくと、時効停止のための訴訟を起こしつづけている。

隠し資産がまだあると思っているのは、トッカイや管財人だけではなかった。末野弁護団の一人だった田中森一は、加古川刑務所に面会にやって来た。末野によると、そこで田中は「カネを貸してくれないか。許永中が持っていたゴルフ場の株を担保に入れるから」と求めたという。

「あんた、ようそんなこと、言うてくるなあ」

末野は激怒した。

「俺はブタ箱入ってる。それでこれまで面会も来えへんでカネ貸してくれなんてな。それが弁護士かい、俺の弁護せいよ。二千万円も弁護報酬を取りやがって！」

末野は、隠し金のうち三十五億円の現金を、弁護士に預けていた。それは弁護報酬としては高すぎるとして、中坊や管財人に持って行かれたが、それでも縁の深かった田中には二千万円を払っていたのである。

——弁護士というのは、裁判に負けたらこないに言う。「これはもともと負ける裁判やった」てな。言い訳だけならまだしも、頼みにしていた弁護士が刑務所までカネを借りにくるとはひどい話や。

腹に据えかねたのだろう、末野は出所した後もそんな話をあちこちでしていた。

末野にとって痛撃となったのは、彼が各地に持っていたグループビルの売却である。それを定期的に面会にやってくる妻が報告した。

「あそこのビルな、売られたで。ほかのもどんどん売られてるよ」

その譲渡価格を告げると、末野はそのたびに、「なんで、田原たちはそんな二束三文で叩き売るんや」と怒った。

「わしが二百棟もビル作るのに、夜も昼も寝んと、どんだけ汗流したと思うてるんか。少し待っとれば、また土地は上がりよるのに！」

妻は五つ年上のいわゆる姉さん女房で、末野が二十四歳のころに一緒になっている。懸命に這い上がろうとしていたころからの支援者である。だから、堂々と浮気をしながらも、「家内は宝です。縁あって知り合うたら、死ぬまで一緒ですよ。いまでいう『あげまん』ちゅうやつですからな」と笑顔を見せるのだ。だが、しっかり者の妻にも管財人の資産売却はどうにもならない。それがまた歯がゆくて情けなかった。

末野にとっては「断腸の思い」というものだ。

同じような思いだったと思われる面々が、加古川刑務所にはいた。乱脈経営で有罪判決を受けた金融機関の元理事長である。彼も整理回収機構に訴訟を起こされ、自宅など私財を取られて服役している。末野によると、その元理事長から頼み事があった。ここからは末野の証言である。

「僕は加古川刑務所の第五工場にいましてね、運び役から元理事長の手紙がぱっと入ったんですよ。元理事長はいい人でね、雑居房にいて、毎日いじめられんねん。辛いですよ、飯食うときでも『食い方が遅い』とか『きれいに洗わんかい』とか。彼は紳士やし、喧嘩もようせんやろうし、耐えて耐えて耐えて、泣くような手紙だったんです。助けてくれ、なんとかしてくれ、と手紙には書いてある。

それで僕はヒットマンを飛ばしました。そのヒットマンがな、元理事長をいじめている奴を見つけて、朝礼で後ろからポーンとどつきよった。それで喧嘩になった。喧嘩すると、理由を問わずどっちも懲罰房に落ちるわ。落ちたら雑居房に帰ってけえへんわけや。それで元理事長はもういじめられんわな。刑務所では、どつくヒットマンですよ。いい仕事をしましたよ」

その末野も拘置所では、同じく逮捕されていた別の金融機関の社長に助けられている。彼は糖尿病治療を受けており、甘いものは差し入れも禁止されていたという。それを見た元社長が、羊羹（ようかん）を「これ食いなはれ」とばかりに回してくれたのだ。

つまり、彼に言わせると、友達は大事にせなあかん、刑務所に堕ちたときでも、貧乏になっても、人を裏切ってはいかん、ということである。もう一つ、末野が刑務所で教訓としたことがある。目立ってはいけない、ということだ。

それでこんな決意を抱いた。

「出所したら、もう裏方に徹して、絶対に表に出ないようにしよう。わしは派手好きやった。それで結局、男のやきもちに叩かれ、潰されたんや。誰を恨んだってもうしようがない」

末野が服役しているころ、京都の「怪商」と呼ばれた西山は資金を動かしつづけていた。

西山は「ペキシム」という不動産会社を経営してきたが、トッカイとの返済交渉が一九九七年に決裂すると、資金を関連会社の国内口座に移動したうえ、四十一億六千万円の資金を、ハワイ最大の銀行「バンク・オブ・ハワイ」（本社・ホノルル）の口座に送金していた。

そこまではトッカイもつかんでいる。国内資産もようやく六十六億千八百万円まで回収していた。だが、海外は彼らの泣き所である。トッカイのもう一つの頭脳でもある預保は強制調査権限を与えられているが、それは国内に限られていた。「資産は海外に逃がせ」と指南するプライベートバンカーや税理士もいて、海外に逃げられたら、もう追いきれない、というあきらめの声が、回収機構の内部にもあった。そのときの西山は刑事被告人ではなく、民事の負債を免れようとしているのだから拘束のしようもない。

トッカイ部長の下國でさえ、こう考えていた。

――悔しいけれどもこれは無理かもしれない。口座の大半は本人名義ではないし、送金したカネもすぐに動かしているに決まっている。それを本人の資産だということを疎明していくには、偽装を暴いて日本と海外の両方の裁判所を納得させる証明と資料が必要だ。海外の隠匿資金を回収するにはあまりに大きな壁がある。

その見立てよりもさらに複雑な資金操作を、西山は続けている。

彼がハワイに逃れて最初にやったことは、住専の資金でハワイなどに購入した不動産の処理である。それは大損で、「全滅や。ひどいもんやった」と周囲に漏らしていた。

彼は目端が利くし、本屋で数十冊の専門書を買いこんで読み込むような実務家だったが、英語は格別うまいわけでもない。だから、白人社会で勝ち抜いていくのは難しかった。せいぜい、やれるのは為替や株の売買といった投資顧問業である。

その一方で、西山はひそかにガソリンスタンド経営をはじめていた。海外に逃げていても、事業欲を抑制できないのだった。海外雌伏のときも実業の血が騒ぐのだろう。それがやがて小さな綻び（ほころび）を生んでいく。

彼のガソリンスタンド経営は、石油業界の規制緩和の間隙を突いたビジネスであった。一九九六年に特定石油製品輸入暫定措置法が規制緩和の目玉として廃止され、自由にスタンドが作れるようになっていた。競争は激化し、多額の資金を投入して作ったガソリンスタンドが倒産することも多くなった。西山はそこに着目した。

そのスタンドが売りに出ると、二束三文で買い叩ける。西山に言わせれば、五億円もかけたスタンドが、三千万円や五千万円で売りに出た。それを見て、彼は息子や知人を役員に据えた「アルフレックス」という会社を使って競売で次々に落としたのである。後に、彼はこう証言している。

「私のところのやり方で販売すると、びっくりするぐらいの利益が出たんです」

アルフレックスが持っていた物件はすべて競売で落札した物件である。では、もう融資を断たれていた西山がその資金をどこから出したのか。

そのとき、西山やアルフレックスの銀行口座を監視していた男たちが、ある事実に気が付いた。

第七章

ミッシングリンクをつなげ

1　嘱託尋問はできんのか

彼らは「トクチョウ」と呼ばれる、預金保険機構特別調査課の職員だった。東京三菱銀行出町支店に置かれたアルフレックスの口座に、海外から次々と資金が流れ込んでいたのを見つけたのである。

送金者は、タックスヘイブン（租税回避地）に設立された正体不明の会社だ。そこが「バンク・オブ・アメリカ」の口座を通じて、アルフレックス社に送ってきているのだった。名目は、アルフレックスの増資資金である。

正体不明の会社とは、西インド諸島・バハマ国に設立された「アドリアティック・エンタープライズ」と、イギリス領ケイマン諸島の「レッドウッド・ホールディングス」のことだ。ちなみに、バハマ国はのちに、ペーパーカンパニーで偽装していた企業や個人名が、パナマ文書に続くバハマ文書によって暴露され、大騒動の舞台となった。

追跡すると、さらに興味深い事実がわかってきた。

銀行の記録には、二〇〇三年九月四日に、

アドリアティック社から二億八千五百六十万円

レッドウッド社から一億六千二百四十万円
翌年二月二十五日には、
アドリアティック社から三億八千二百五十万円
レッドウッド社から二億千七百五十万円
という送金が記録されていた。さらに、カナダ・バンクーバーに設立された「レインボーワン・インベストメント」からも送金があった。

これを集計すると、二〇〇五年十二月までに総額三十九億円余がこれら海外三社から、増資資金名目でアルフレックスの口座に流れ込んでいる。このほか、西山の友人の名義などで増資されたカネも含めると、アルフレックスの総資本額は四十億八千万円に膨れ上がっていた。

それは、西山正彦が九七年に「バンク・オブ・ハワイ」に逃避させた金額に近い。トクチョウやトッカイの面々はこう考えた。

「西山の海外逃避資金が、バンク・オブ・ハワイからバンク・オブ・アメリカの口座を経由して、日本に還流してきたのではないか。たぶん、それが西山が裏で指揮しているガソリンスタンド事業に使われている」

日本からの「流出」と、日本への「流入」の事実はそれぞれ預保の調査で明らかだ。流出と流入にはまだ関連性が見つけられないが、この「出」と「入」の間の資金の流れを結ぶ〝ミッシングリンク（失われた環）〟がつながれば、アルフレックスの資金は事実上、西山のものとして債権者の整理回収機構が取り立てることができるのではないだろうか。

「アドリアティック社のあるバハマやケイマンに調査に行けば、何かわかるかもしれない」

という声が出たが、「ペーパーカンパニーだろうし、何か見つけても教えてくれるわけがない」と一蹴される。トッカイの部長である下國士郎たちは、こんな発案をした。

「嘱託尋問のようなことができないのか。日米の裁判所や役所間で情報交換のようなことができればいいんだ」

下國たちの脳裏には、ロッキード事件の嘱託尋問があった。元首相・田中角栄が逮捕されたこの事件では、米ロッキード社の贈賄資金の流れが焦点になったが、東京地検は東京地裁に嘱託し、ロッキード社副会長だったコーチャンらの証人尋問を請求して、米国の裁判官に尋問してもらっている。公判では、この嘱託尋問調書の証拠能力が争われ、一審、二審では証拠認定していた。最高裁では不採用という結論となったが、それでも有罪ではあった。

一方、何らかの形で日米間の情報共助ができないものか、と考えていた弁護士たちがいた。その一人が、整理回収機構特別審議役だった鈴木五十三（いそみ）である。

「アメリカに行ったら、何か見つかるだろう」

と言い出したのだ。彼は東京都立日比谷高校から一橋大学法学部に進み、在学中に司法試験に合格した渉外弁護士である。一九七五年に第二東京弁護士会に所属した後、米国留学を経てニューヨーク州弁護士としても登録していた。

日比谷高校に入学したとき、鈴木は自己紹介で、「ロマン・ロランの『ジャン・クリストフ』を読んでベートーヴェンが好きになり、小林秀雄を読んでモーツァルトのとりこになりました」と言い放ち、クラスをどよめかせた逸話を持っている。※1キザだが、外向きの放胆（ほうたん）さを備えていた。

彼はそれまでに、国連の安全保障理事会補償委員会委員や回収機構の企業再生検討委員会委員長の要職を務めている。日航ジャンボ機墜落事故の遺族が、ボーイング社と日航を相手取った損害賠償訴訟で原告側代理人となったり、九四年に名古屋空港で起きた中華航空機墜落事故の遺族側弁護団に加わったりして、東京の司法記者にも知られた存在だった。

そんな国際派の重鎮だったので、彼の発言は預保と回収機構の合同会議で話題になった。

「先生、そんなにに甘くないでしょう」「はたして見つかりますかね」

などと言われながら、結局、思い切って五人ほどの訪米団を派遣することになった。

後押ししたのは、大阪の事業部とトッカイの双方を担当していた特別審議役の弁護士・髙橋典明である。一九九六年以来、悪質債務者と戦っているので、最古参の弁護士となってしまった。「ヌシ」と敬い呼ぶ者もいる。「テンメイさん」と呼ばれる彼は、

「そんなもん、行って証拠がそのへんに落ちてるわけない。米国との顔つなぎというか、人脈作りで行ったらよろしいやん」

と鈴木たちを送りだした。

その極秘調査団が、ワシントンD.C.に姿を現したのは、二〇〇七年十二月のことである。団長である鈴木の脇を、回収機構の社員や預保に出向中の検事たちが固めている。彼らは、回収機構と預保がはじめて海外に送り出した合同の、しかし成算のない調査団となった。

米国は、年明けからはじまる大統領選予備選の話題で国中が沸いていた。一月三日に開かれるアイオワ州党員集会から、共和、民主両党の候補を決める予備選が開幕するのだ。ジョージ・W・ブッシュに続く第四十四代アメリカ合衆国大統領の椅子に誰

が座るのか。民主党はバラク・オバマとヒラリー・クリントンが、共和党はジョン・マケインとニューヨーク市長だったルドルフ・ジュリアーニが有力視されていた。

だが、訪米した調査団は、世界に大きな影響を与える大統領選には関心を示さなかった。彼らは、西山のカネの行方一筋を追って、ワシントンに来ている。

調査団一行はワシントンのホワイトハウスから南東に一・七五キロのところにある通貨監督庁（Office of the Comptroller of the Currency＝OCC）を目指した。西山が相前後して、預保とつながりのある連邦預金保険公社や司法省も訪れている。西山が米国に隠し持つ資産の解明に協力を求めに来たのだ。いわば、「調査共助」要請だった。

しかし、結果は見事な空振りだった。調査団は手ぶらで帰国し、証拠発見はやはり難しいか、と誰もが思った。

彼らが確認してきたのは次の三点である。

西山の情報は連邦預金保険公社から手繰ることはできない。なぜなら、金融犯罪ネットワークの情報ならば、連邦預金保険公社からカウンターパートの金融庁へ通知されるが、預保や回収機構はそれを把握できないし、仮に情報を持っていても裁判などには使えないのだ。

次に司法省で確認した結論である。米国裁判所に西山の銀行情報開示手続きを申し立てることはできるが、その裁判所でそもそも増資した海外三社と西山との関連を立証すること自体が困難だ。関連がわからないから、こうして訪米調査団を組織したのだ。

残るは通貨監督庁である。監督庁の彼らは連邦免許を与えた銀行に対して立ち入り調査権を持ち、全米の銀行口座情報を知りうる立場にあった。だが、日本の調査団に対しては明確な答えをしなかった。

やむなく、調査団はロサンゼルスの渉外弁護士に通貨監督庁との交渉役を依頼して帰国し、翌年二月、西山の資料を通貨監督庁に送って、情報提供を求めた。

あっという間に、七ヵ月が過ぎた。夏の北京五輪で、競泳の北島康介やレスリングの吉田沙保里、伊調馨がまたも金メダルに輝き、凱旋してきた。そして、秋がめぐってきた。

幸運のメールは、誰もがあきらめかけていたとき、突然舞い込んだ。交渉の窓口を託したロスの渉外弁護士のもとに、通貨監督庁の責任者からメールと添付のレポート二枚が届いたというのである。

転送されてきたそのメールには、こうあった。

〈バンク・オブ・アメリカの銀行調査の際に同行の記録を調べたところ、西山に関連

する資料が見つかりました。それを整理したのが、ここに添付した二枚のレポートです〉

レポートの一枚は、アルフレックスの増資資金の提供元であるレッドウッドなど海外三社への資金が、「88インベストメント」「サイアム」というペーパーカンパニーから出ていることを示す資金フロー図だった。※2

もう一枚は、増資資金を送った海外三社の支配関係を示した図で、西山本人や西山の関係者が88インベストメントやサイアムを介在させて、それらの会社を支配していることを示していた。回収機構が後に「OCCレポート」と呼ぶその資料は、海外調査の壁を突き破り、ミッシングリンクの一端をつなぐものだった。

鈴木や髙橋たちは小躍りした。

「これがあれば、きっと還流した四十億円を押さえられる！」

それは、西山の支配する資金が、アドリアティック社など海外三社を通じて、アルフレックスの増資資金に使われたことを物語っている。ただ、裏付ける証拠はそれしかない。

急先鋒である二人の特別審議役が顔を見合わせた。弁護士ということもあり、彼らには保身の意識がなかった。

「髙橋さん、ここは何としても訴訟をやろう」

と鈴木が言った。取り戻す訴訟を起こそうというのだ。西山は徹底抗戦するに違いない。髙橋はお互いの決意を探るように言葉を漏らした。

「勝てますかね」

「やってみないとわからん」

「うん」

激しい訴訟になるだろう、と髙橋は思っていた。

2 宣誓供述書を取れ

「勝つか負けるかは、わかりません。しかし、やるしかありません」

整理回収機構の顧問弁護士たちが新たな訴訟を進言したのは、翌二〇〇九年のことである。西山らを相手取って、京都地裁に四十億円の貸金請求訴訟を起こしたい、というのだ。

弁護士たちの前には、回収機構の四代目社長となった上田廣一がいた。

「西山はたぶん最高裁まで争うと思います。ですから、社長の在任中に訴訟は終わりません。それでも決裁いただきたいのです」

上田は東京地検特捜部長を経て、東京高検検事長を最後に退官し、弁護士登録をしている。回収機構のトップは、初代の中坊公平以来、ずっと在野の弁護士に任されていたのだが、四代目の上田から検察庁出身者が就くようになった。回収機構の変質を物語る天下りではあったが、上田については、いるべきときにそこに来た。

「詳しいことはわからんが、やるしかないんだな。じゃあ、わかった」

彼はそう言って、驚くほどすんなりと訴訟提起を決断した。

訴訟は九月からはじまった。西山とそのダミー会社である「アルフレックス」などを相手取って「四十億円を支払え」という趣旨だ。支えは、前述のOCCレポートである。

それは、全国でガソリンスタンドを経営するアルフレックスの口座に、西山が支配する海外のペーパーカンパニー三社から、増資資金の名目で約四十億円が流れ込んでいることを図示している。その原資は、西山が借りた住専マネーで、それがタックスヘイブンを経由して還流した——というトッカイの見立てであった。

問題は、アルフレックスが西山の支配下にある、ということが立証できるのか、という点である。確かに、アルフレックスの役員には、西山の息子や友人が就いており、その本社は西山が経営していた京都の「ペキシム」の所在地であった。そして、アルフレックスの資本金の大半は、不可解な増資によって、西山支配のペーパーカンパニー三社のものになっている。

ただ、一番肝心な「アルフレックスやペーパーカンパニー三社を西山が支配している」ということを示す証拠は、ＯＣＣレポートだけなのである。

米通貨監督庁は、日本の裁判所に証拠としてレポートを提出することは許しながらも、そのレポートを作成したＯＣＣ調査担当職員の出廷は認めなかった。さらに、レポートを裏付ける「バンク・オブ・アメリカ」の原資料も開示していない。

逆に言えば、米国からメールで送ったＯＣＣレポートだけで戦え、というのである。当然ながら、その信用性をめぐって法廷は論争となる。

訴えられた西山は、自信満々だった。彼はこう思っていた。

――証明なんかできるわけがない。

被告席に立つ彼が弁護を依頼したのは、日本の四大法律事務所の一つ「アンダーソン・毛利・友常法律事務所」である。東京・大手町のビルにあった。その弁護士事務所を見つけた息子から、西山はこう伝えられている。

「アンダーソン事務所は、『（訴訟は）簡単なもんやないから、これだったら、多分四分六で勝つでしょう』と言うてるよ」

西山は後に次のように語っている。

「ホームページを見てびっくりしました。五百人も六百人もの弁護士がおる事務所が日本にあるって知りませんでしたのでね。それが四分六で勝つ言うさかいに、それは、もう、とにかく、何でも言うたとおりやれよと言うて、頼んでもろたさかい」

「いままで私は民事しか知りませんけど、弁護士は、大体、ほとんど勝つとわかってる事件でも、いや、負けるかもしれませんねと言うて、保険をかけるのが専門で、私は、弁護士はそういうもんやと思うてましたから、その弁護士、そんな大事務所から、四分六で勝つということを聞いて、びっくりしました」※3

桁違いの報酬を払い雇った代理人たちである。彼らは勝つ見込みが高いことを西山たちに示唆して、法廷で徹底的に抗弁する。

「原告が主張の根拠とするOCCレポートの証拠価値はきわめて低い」

そう断じて、通貨監督庁がいかなる調査を行い、いかなる記録を入手したのかも明らかでない、とも指摘した。

西山は法廷には現れない。それは、息子が代理人との対面ミーティングでメリット、デメリットを検討した末の欠席戦術だと思われた。つまり、法廷で彼を追及したり、言質を得たりすることはできないのである。

これをどう打開すればいいのか？

訴訟は膠着(こうちゃく)状態に陥り、回収機構の弁護士たちは焦りはじめた。

髙橋をはじめとした弁護士たちが、長い間、回収機構の顧問を務める理由の一つは、この仕事に一種の謎解きのような面白さがあるからだ。借りて返さぬ債務者は様々なトリックを弄し、タックスヘイブンの地にペーパーカンパニーを置いて、資金を逃避させる。カネが海外に逃げ、巧妙なロンダリングをはたして、ふたたび国内で使われる。その「出」と「入」の証拠とトリックの傷を一つずつ拾い集めてミッシングリンクをつなぎ、法廷で戦う――この精緻な作業と解明の喜びが何物にも代えがたいのである。

だが、それは深夜に及ぶ長い過酷な作業と重圧に耐えて、はじめて味わえることで、弁護士たちはしばしば健康や家庭という犠牲を求められた。

この訴訟では回収機構の担当弁護士が、二人まで過労やストレスで倒れた。そうした厳しい法廷になることは、はじめからわかっていたことではあったが。

新たな弁護士を加えて、内部では「もうＯＣＣレポートの信用性を補強するしか手はない」という声が出はじめた。

「通貨監督庁職員の出廷が認められなくても、陳述書を書いてもらうことはできないのか」

そんな案が出た。ＯＣＣ担当職員の宣誓供述書を得て、日本の法廷に提出しようというのである。

ロッキード事件で、ロッキード社副会長だったコーチャンらの嘱託証人尋問調書が、有力な証拠として日本の法廷で使われたように、担当職員の宣誓供述書をもらってきて、補強の武器にしようというわけだ。

提訴から四年目の二〇一二年春、回収機構はとうとう二度目の訪米団を送り出した。今度は預金保険機構の同行はなく、二人の弁護士と英語に堪能なトッカイ社員が通貨監督庁に乗り込んだ。

だが、監督庁の職員たちは警戒心をあらわにした。宣誓供述書を求める弁護士たちに、「西山はマフィアではないのか」と言う職員もいた。彼のマネーロンダリングを調べているうちに、誤解したのである。そうではないことを示して、苦境を説明していると、翌日、膨大な極秘資料の閲覧を許された。彼らは全米のメガバンクにＯＣＣ専用の部屋を持ち、全コンピューター記録にアクセスができるのだ。

彼らの証言によると、西山の調査は通貨監督庁の業務範囲外だ。しかし回収機構の要請を受けると、ナネット・ウェストランドという銀行検査官が、補佐する二人の検査官とともに、バンク・オブ・アメリカで、西山に関する帳簿や記録データ類を閲覧したという。その結果、作成されたのが回収機構に送られてきた二枚のＯＣＣレポートだった。

その証言を計五枚の宣誓供述書にまとめ、第二次訪米団は帰国してきた。そこには、〈連邦免許銀行検査官　ナネット・ウェストランド〉の署名があり、こう記されていた。

〈日本の整理回収機構の要請に従い、当職は自ら、またはほかの連邦免許銀行検査官に命じて、継続的監督プロジェクトを開始しました。プロジェクトは二〇〇八年前半に行われ、作業時間は約六百時間に及びました。

ＯＣＣの連邦免許銀行検査官に与えられた本件銀行の帳簿・記録類に対するアクセス権限を用いて、当職を補佐する二名の検査官と当職は、西山氏に関係する本件銀行の記録類の提出要求及び調査検討を行いました。またもう一人、別の検査官も、事実抽出の作業を共同で行う際に、短期間作業に参加しました〉

そのうえで、

①調査検討した記録類は、西山とつながりのある、銀行顧客ファイル内の情報や口座取引明細書など一切の情報が含まれる。

②その調査と銀行側担当者からの提供情報を分析した後、検査官らは西山に関わる銀行情報を具体的に示す図表（ＯＣＣレポート）を作成した。

③それに添付した通り、我々は、アルフレックス社やレッドウッド・ホールディングスやアドリアティック・エンタープライズ社など海外三社を含む計十五社が西山に関係する会社だと確認した――と結論づけていた。

そして、最後に、〈当職は、上記各項に記載された情報は当職の知る限り真実かつ正確なものであることを誓い、確認します〉で終わる陳述が付記されていた。

英語の宣誓供述書を訳して京都地裁に提出すると、法廷の雰囲気は一変した。OCCレポートの信用性の高さを示し、回収機構の主張を補強するものだったからである。

一方の西山側は「アルフレックスや海外三社は西山とは無関係で、増資資金は三社が投資の勧誘に応じたものだ」と主張したものの、不可解な増資の経緯やこの三社に配当をしていない不自然さを突かれ、劣勢に立った。証人として予定されていた西山の親族や社員は出廷せず、弁論終結を迎えた。

判決が下りたのは一年半後の二〇一三年十月である。

裁判長の栂村明剛（つがむらあきよし）は、OCCレポートの信用性を認め、アルフレックスと西山らに四十億円の支払いを命じた。回収機構の全面勝訴である。アルフレックス社は西山に支配された会社で、西山の海外逃避資金の還流先となっていたことや、海外資金操作による債権回収妨害が繰り返されていたことも認定した。

この訴訟は、高橋が四年前に予言した通りに、控訴審、上告審と続いたが、認定が揺らぐことはなかった。

「逆転ホームランですね」

弁護団やトッカイ関係者は祝杯をあげ、苦しい訴訟を振り返った。

だが、それでは終わらなかったのである。野球にたとえれば、延長戦が待っていた

――。この勝訴はつまり、終わりの始まりを意味していた。

回収機構は一審判決から約一ヵ月後、アルフレックスや関連名義の銀行口座や三つのガソリンスタンドを差し押さえた。ところが、口座を開いてみると、預金残高は合計一千四十一万円しかなかった。

海外から還流した四十億円は忽然と消えていた。

3 またカネが消えた

大阪・東梅田に近い新生銀行大阪支店に、京都から二人連れが訪れていた。西山に判決が下る八ヵ月前の二〇一三年二月四日、立春の日のことである。

彼らの申し出は、ほぼ次のような内容であった。

「貸付金を送りたいので、明日、三十九億六千万円をスタンダード・チャータード・プライベートバンク・香港の、ある口座に送金してほしい。カネは明日までに用意して、この支店の口座に集めておきます」

大阪支店を訪れたのは、西山の次男と、西山が支配する石油販売業「アルフレックス」の経理担当者である。支店にはアルフレックス名義の口座があった。

問題は、三十九億六千万円の送り先である。

彼らが貸付金の送金先に指定したのは、「エターナル・スピリット・エンタープライズ・リミテッド」という聞きなれない法人であった。これは西山が新たな資金逃避のために、イギリス領バージン諸島——つまり、カリブ海に浮かぶタックスヘイブン——に設立したペーパーカンパニーなのだが、行員は事情を知らない。

スタンダード・チャータード銀行の香港口座が、その逃避資金の受け入れを目的にエターナル社とセットで開設されたことも、行員はもちろん知らなかった。それをつかんでいれば、たぶん送金依頼を断ることになったであろう。

息子たちが実行しようとしているのは、「貸付金の送金」を名目にした犯罪行為だった。国内に還流させて捕捉された西山の資金を、再びタックスヘイブンのペーパーカンパニーに逃がそうというのである。

西山は京都地裁でじわじわと追い詰められていた。四十億円がかかった訴訟は終盤を迎えている。送金を依頼する約一ヵ月前には、京都地裁に次男が呼ばれ、証人尋問が行われていた。

——回収機構のことやさかい、何をするかわからへんし、油（石油販売）がいじられへんようになるかもわからん。

西山は不倶戴天の敵である回収機構が差し押さえに来るのではないか、と恐れていたのだった。「四分六で勝つ」と思っていた訴訟だが、還流の事実を裏付ける米国通貨監督庁の宣誓供述書が法廷に提出され、どうも雲行きが怪しい。

だから、先手を打って、彼の手足である次男らに香港送金を命じたのである。

西山の資金は、商工中金京都支店に四億二千万円、三井住友銀行京都支店に三十四億五千万円が、いずれもアルフレックス名義で預けられていた。これに、次男名義で三菱東京UFJ銀行に置いてあった九千万円を加えて、新生銀行大阪支店に集約し、立春の翌日、彼らは一気にスタンダード・チャータード銀行のエターナルの口座に送金させた。

西山の隠匿工作はさらに続く。

それから五ヵ月後、四十億円請求訴訟の口頭弁論が終結し、十月に判決が言い渡されることになった。敗訴すれば、今度こそ強制執行は必至だ。

ここに来て、西山らは残っていた二億円余を、地元の京都中央信用金庫一乗寺支店から、カナダのRBC・ドミニオン・セキュリティズにある「レインボーワン・インベストメント」名義の口座に送金してしまった。レインボーワンもバンクーバーに設立されたペーパーカンパニーである。なお、RBC・ドミニオン・セキュリティズは、カナダ最大の都銀RBCの子会社で、富裕層向け資産運用専門会社だ。

これで、再び海外に消えた資金は、あわせて四十一億六千万円余に上った。だから、一審判決から約一ヵ月後、回収機構が西山関連名義の銀行口座を差し押さえたとき、口座には一千四十一万円しか残っていなかったのだ。

金融機関の送金協力が、住専マネーのロンダリングや還流を可能にし、大阪トッカイの追跡をより困難なものにしたのである。ただし、関西の金融機関が、いつも西山のマネーロンダリングに協力したわけではない。

西山のアルフレックス社は二回目の海外送金のときも、初回に三十九億六千万円を送った新生銀行大阪支店を使おうとした。前回のエターナル社は「貸付金」だったが、今回は「返済資金」の送金という名目である。

ところが、送金依頼を受けた行員は、アルフレックス社に不審なものを感じとっており、「お受けできません」と断ってしまった。エターナル社の所在地について何度も問い合わせをしたのに応じてもらえなかったし、対応が不自然だったからである。そのために、西山側は〝足〟の付きやすい地元の京都中央信用金庫を使わざるを得なかったのだった。

対するトッカイの面々はこの間、何をしていたのだろうか。

大阪特別回収部は二〇一〇年から、「大阪特別回収グループ」に改編され、顧問弁護士らと連携しながら追跡を続けていた。実は、トッカイは隠蔽工作にうすうす気付いていたのである。関係者が悔しそうに言う。

「口座を監視していた預金保険機構から連絡がありました。『カネが動いているのではないか』と。四十億円請求訴訟の途中でした。それで、法廷の最後に資産を逃避させていると指摘したのですが、法的には押さえることはできなかったんです」

――あと一歩のところまで追いつめていたのに。

トッカイ担当の弁護士たちはまたも地団駄を踏んだ。彼らはすぐに香港の法律事務所と電話会議を開いた。

「香港で西山の資金凍結や返還訴訟を進める手立てはありませんか」

こんな問いに、現地の渉外弁護士は即答した。

「香港の裁判所に提訴するには疎明資料が少ない。それに送金先の口座には、資金はもう滞留していませんよ」

「追跡は難しいということですか」

「おそらく送金先のエターナル社の口座から、ほかに抜かれているでしょう」

香港弁護士の言った通りだった。西山は、三十九億六千万円を送金してから一ヵ月後、この資金をドルに替え、スタンダード・チャータード銀行に開設した「ニューボールト」という新たなペーパーカンパニーの口座に移し替えていた。追跡を振り切るための偽装である。

では、ふたたび海外に流出したカネをどう回収すればいいのか。回収機構の弁護士らで論争になった。

「カナダに流れた二億円を追う手も残っています。ただ西山相手に訴訟でカナダから回収するとなると、また最高裁まで行って十年もかかりますね」

そのとき、「それじゃだめだ」と主張した弁護士がいた。

特別審議役の髙橋典明もその一人だった。

「もう刑事事件で告発するしかないよ。時間をかけてはいられんでしょう」

海外を自由に泳ぎ回る西山を拘束してしまって、回収の道を探ろうというわけだ。

「西山は逮捕できまっせ」と京都府警捜査二課は大乗り気である。

西山は「京都五山」の一人であり、京都府警にとっても、二十八年前に梵鐘蒸発事件で追及した因縁の相手だった。あのときは、逮捕状を取りながら執行できずにうやむやに終わっている。

だが、事態は、トッカイや京都府警の思うようには進まなかった。京都地検が慎重だったからである。府警から伝わってくる地検幹部の考えはこうだ。

――西山は捕まえても完全黙秘することは間違いない。手ごわい相手だし、海外の闇を突いた送金だから、時間をかけて裏付けなければ、有罪には持ち込めない。

このため逮捕へと動き出すのはそれから二年も後になった。住専処理に税金が投入されてから十九年も過ぎ、悪質債務者は何が何でも追及せよ、という時代の熱気はとうに冷めている。ただ、京都府警の捜査員は、西山が札幌にいるのを見つけて張り込んでいた。彼らは上層部と京都地検を急かした。

「また逃げるかもしれませんよ。ここは一気に」

そして、二〇一五年十月、ようやくゴーサインを得た。

じっと待たされたトッカイの社員たちは、こう言った。

「うちの担当者が警察に取られた参考人調書だけで、電話帳三冊分ぐらいにはなってるよ」

西山の逮捕容疑は、香港とカナダの口座に四十一億六千万円を逃避させた強制執行妨害で、次男やアルフレックスの社員ら五人も逮捕された。

ところが、内偵捜査に膨大な時間を要したことが、思わぬ僥倖（ぎょうこう）をもたらした。自分にはもう手が届かないと油断したのだろうか。

西山は致命的なミスを犯していたのだった。

4　ついに運用書類を見つけた

それは京都府警が強制捜査に踏み切った直後、逮捕された女性事務員の自宅であらわになった。西山が海外逃亡に連れて行った女性である。捜査関係者が内々の話なんですが、と断って、トッカイにやって来た。

「ガサやってましたら、彼女のところで何やら面白いノートが見つかりましたわ。西山は結構な金額を海外に隠しておるみたいですよ。おたくで回収はできないんですか」

それは西山が海外隠し資産の運用状況を記したノートだった。西山手書きの集計表もあった。

さらに、京都の西山宅からは、海外のプライベートバンクから送付された二〇一五年七月、八月、九月の月別運用報告書や送金指示文書、プライベートバンカーとの連絡文書も押収された。ヘッジファンドに投資したカネの資料もある。

トッカイや弁護団は色めき立った。

「そんな大事なものを自宅に置いていたのか？」

ただし、訴訟に関する書類――この場合は、警察の押収資料だが――は、公判の開廷前に公にしてはならないことになっている。刑事訴訟法四十七条の規定である。国策企業ではあっても、回収機構はあくまでも株式会社だから、それを活用したことがわかれば、たちまち「違法だ」と批判を招き、法廷では証拠価値を失うだろう。どうしたものか……。

頭を抱えていたときに、預金保険機構に出向中の検事が、髙橋たちにささやいた。回収機構と預保は一蓮托生である。調査の壁にぶつかると、知恵を出し合って乗り越えてきた。

「刑事訴訟法四十七条には但し書きがありましてね」

「どないな但し書きでしたかねえ」

「『公益上の必要その他の事由により相当と認められる場合』は、公判前に刑事訴訟記録の開示が可能なんですよ」

その場にいた面々から「ほう」という声が漏れた。老練の髙橋も知らないことだった。

「それは使えるねえ」

「異例ですが、この但し書きをもとに、捜査担当検事あてに捜査資料の謄写申請を行ってはどうですか」

髙橋たちは刑事訴訟法と過去の申請例を調べたうえで、その助言に沿って謄写申請をしてみた。二ヵ月後、髙橋やトッカイが待ちに待った資料は、回収機構に届いた。

それは西山の海外隠匿の闇を照らすものだった。プライベートバンカーを駆使した西山の知恵と運用技術に、面々は唸るばかりだった。暮れから翌二〇一六年正月にかけて、髙橋たちは資料分析に没頭した。

その結果、判明した二〇一五年九月末時点の隠し資産は次のようになっていた。

〈香港〉
スタンダード・チャータード銀行（二口座）計七千八百六十五万米ドル
〈シンガポール〉
ジュリアス・ベア銀行（二口座）計六千百五十二万米ドル
クレディ・スイス銀行（五口座）計二千八百二十九万米ドル
〈カナダ〉
RBC・ドミニオン・セキュリティズ（二口座）計三百三十三万米ドル及び五百九十九万カナダドル

この時点で、総額は日本円換算で二百十一億四千万円に達した。

つまり、海外のプライベートバンクや資産運用会社こそが、西山の金庫番であり、トッカイの目指すべき本丸だったわけだ。その中には、これまで名前があがってこなかったシンガポールの大手バンクが二社もあり、逃避口座はほかの金融機関と同様に、ペーパーカンパニーの名義になっていた。

西山は、タックスヘイブンの島に登記だけ本社を置く架空会社の陰にいて、その名前は出てこないのだが、押収資料を見ると、西山一人が送金や口座開設、閉鎖を指示していた。

「悪知恵もここまでくると、凄いとしか言いようがあらへんな」

「西山ってこういうサインするんやねえ」

「シンガポールにも隠していたんや。とうとう見つけましたね」

トッカイの面々や弁護士たちから上がったのは快哉の声ではなく、驚きと嘆息だった。


西山が逮捕された日、トッカイの部長だった下國士郎は夕刊を開き、小さな記事を見つけた。〈元不動産会社社長を逮捕　差し押さえ逃れた疑い〉とあった。

——まだ、追いかけてくれていたか。

かつての部下に電話をかけた。西山の資産を追跡した元班長である。

「新聞、見たか!」

「見ました!」

「やったな」

「やりましたね」

下國は二〇〇七年に回収機構を辞めている。五十八歳になっていた。大阪トッカイ部長の後、東京トッカイ部長として働き、最後は大阪に戻って業務推進役を務めた。

気がつくと、熱気ともうもうたるタバコの煙に覆われていた特別回収部は、自分が率いたトッカイではなくなっている。組織が船出したときは、悪質・反社の債務者から取り立てる、という旗の下で、他の部署とは明確に分かれていたのだ。ここは静かに消え去って、経営コンサルタントの開業届でも出そうと思っていた。

それから、大阪府中小企業再生支援協議会の統括責任者などを経て、西山逮捕のそのとき、大阪市立大学大学院の非常勤講師として、企業の破産や再生論を学生に教えていた。

彼の部下で、トッカイ次長だった池田等は下國より一年早い二〇〇六年八月に、班長の林正寛も二〇〇五年に、それぞれ回収機構を去っていた。彼ら〝奪り駒たち〟は、勤めはじめてから十五年で退職という年限を切られていたし、彼ら自身が奮闘したことで、主な債権回収作業は終わっていたからである。

池田は、元トッカイ特命班長だった津田敏夫から、「企業コンサルタント会社を興したので、手伝ってくれませんか」と求められており、そろそろ潮時だと思って辞表を提出していた。退社は下國と同じ五十八歳である。

第六章でも触れたが、ここで言う潮時とは、不良債権回収時代を切り抜けたという政官界の空気と回収機構の変質である。三代目社長の奥野善彦は就任翌年の二〇〇五年九月から一年にわたり、「外部有識者会議」を招集した。この席で奥野は回収事業が大きく進み、職員数を発足時の二千六百十五人から千三百八十二人に半減させていることを報告した。

それでは、回収機構が今後、存続する意味があるのか——。奥野はこの会議で、有識者委員から次のような趣旨の提言を受けている。

「これまでの困難な活動には敬意を払うが、経済は平時モードに変わってきている」

「これまで回収機構は『取り立て屋』というイメージで見られていたが、再生を念頭にやっているということを世間にわかってもらったほうがいい」

「中小企業の再生にこれまで以上に注力してもらいたい」※4

つまり、池田たちのように献身的な「取り立て屋」はもう不要になり、これからは企業再生だ、というのである。一時は「正義の確信を持て」と膨大なノルマを負わされたトッカイ班員たちである。債権回収の嵐に耐えた面々を、「取り立て屋」とはよくも言ったものだが、委員の提言は、整理回収機構の生き残りに向けて、貴重なお墨付きとなった。

しかし、林が回収機構を辞めたのは、その企業再生が思ったほどにはうまくいかなかったためである。彼は組織再編を経て、企業再生を担当するトッカイ第二班の班長を務めたが、回収機構は、やはり債務者のところに突撃して回収することに長けた国策会社であった。

いろんな手を尽くし、企業再生で利益を挙げる外資系企業やオリックスのような民間企業と接するうちに、回収機構の限界が見え、一方で新たな世界が開けてきた。債務者に「再生して、融資を返済してくれ」とやっているよりも、逆に債務者の側に立って債権者と交渉したり調整したりするほうがずっと面白そうだ、と思えてきたのだった。

やり残したという思いもなかった。西山に対する追及が象徴的だが、残った悪質債務者との闘いは、法律を盾にした弁護士主導のものにならざるを得ないという事情があった。ここにいてももっと貢献できるという気持ちにもなれなかったのである。

二〇〇七年二月、林が本格的に起業した場所は、中坊法律事務所のすぐそばだった。そこは後輩弁護士たちが後を継いでいる。林は宅建業免許もすでに取得しており、債務整理から破産管財、相続財産管理、企業再生までとりあえず何でもこなすつもりだった。

おおかたのことを決めた後で、手伝ってくれる妻のゆかりに会社名を打ち明けた。

「社名はな、アスキット・プラスというんや」

「ふーん」と気のない返事である。

「なんでかわかる？『ask it plus』をもじったんやで。何でも聞いてやというわけや。うまいやろ」

そして、こう言葉を足した。

「それにな、『明日はきっとプラス』や。明日は今日よりもきっといい日に、という意味を込めてるんや」

「すごいやないの」

妻がその日はじめての笑顔になった。

それから八年。林が大阪中を走り回っているころ、京都ではあの男が再び動きはじめていた。

第八章
最後の闘い

1 〝変節〟など信じない

「西山が捕まってるの知ってるやろ。あんた、保釈金を貸してくれへんか」

京都の仏具屋に、旧友が連れ立ってやって来たのは、西山の初公判が始まるころだった。

——あれだけカネがあったのに……。

仏具屋はいぶかしんだ。

西山は二〇一五年十月、息子ら五人とともに強制執行妨害目的財産損壊等の容疑で京都府警に逮捕されたまま、拘置されている。香港やカナダの口座に四十一億六千万円の資金を隠したというのだった。

——どうしたんやろ、あれは？

仏具屋は西山の秘密を知らなかった。西山は四十億円どころか、その五倍もの隠し資産をシンガポール、香港、カナダのプライベートバンクに託していたのだった。そのカネの多くはタックスヘイブンに設けられたペーパーカンパニーの口座にあった。国内彼自身が拘置所から出て、バンカーたちに指示しなければ動かせないのである。そのカネも西山がもしそこから捻出（ねんしゅつ）すれば、そのどこかに隠しているかもしれないが、とたんに回収機構に差し押さえられかねない。逮捕された末野は、弁護士に預けていた二十億円から自分や部下の保釈金を出したところ、その二十億円もろとも回収されてしまったのだ。

頼みに来た旧友たちは真顔で言った。

「あいつは閉所恐怖症やさかいに、出したらんとあかんのや。精神安定剤やら睡眠薬やらをずっと飲んでて、もう我慢できへんさかいに、とにかく出してあげたいんや」

「そんなことようせんわ、だいたいどのくらい要るんや」

仏具屋が尋ねた。

「一億円ぐらい集めな」

「わしにそんなカネはないよ」

実際に彼を保釈させるとなると、その二倍から三倍の保釈金が必要なのだ。それが〝相場〟なのだが、たとえ一億円にしても大金である。そのカネははたして戻ってくるのだろうか。

「何とかならんか？　あんなところに、ようおらへんねん。息子も拘置所や」

旧友は繰り返した。仏具屋は、そんなん、しゃあないやん、と答えた。

「西山は悪いことしとったんやから。借りたカネを返せないならしゃあないやん」

しかし、仏具屋も旧友も同じことを思っていた。

「西山も外国に逃げたり、裁判したり、あんなに頑張らへんかったらね、もう万事終わってんのになあ」

同じく悪質債務者としてやり玉に挙げられた借金王・末野謙一は、四年の刑期を終え、とうの昔に加古川刑務所から出所していた。彼は二〇〇三年に家族のもとに戻ると、さっそく仕事をはじめているのだった。裏方に回り、周囲にはこう漏らしている。

「人のおカネを借り、投資をしてもろて、仕事をするちゅうことでんな。信用でいくらでもカネが動きますわ。みんな銭儲けしたがりますからな。不動産業界で、まあ僕らの年齢で僕を知らない者はおりません。だから情報がぼんぼん入ります。銀行に借りたカネを上手に払う僕のノウハウもある」

面白いのは、本人がすってんてんや、と言っているのに、知人たちはそれを信用していないことである。たしかに、名義のうえでは、家も預金もカードも携帯も持っていない。だが、末野ファミリーは別の会社を興しているし、末野自身も遊ぶカネに困っていない様子なので、まだかなりのカネをどこかに隠し持っているだろう、と回収機構や末野の周囲は見ているのだった。

関係者の一人はこう語る。

「彼が人と違うところは、大金を持ってるだろうと思わすところですね。二千億円から三千億円の借金をしてた人間だから、みんな何百億ぐらいどこかに持ってるはずやと思う。だから、こぞっていい情報を持ってきよる。本人はあるような顔をしとる」

一方の西山は、抵抗をやめなかった。自分の事業をつぶした不倶戴天の仇なのである。西山の弁護士は、逮捕された後、保釈を求めて整理回収機構と和解交渉に乗り出していた。

「問題の四十一億六千万円は払う。だから、残りの債務は免除してもらって、さらに西山を保釈できないだろうか。西山しか海外のカネを引き出せないんですから」

ざっとこんな趣旨である。だが、「払う」と言っているのは隠している資金のごく一部だ。逮捕されて、香港の口座やカナダのコネクションは露見してしまったのだが、この時点で西山はシンガポールの口座とコネクションがまだばれているとは思っていない。起訴事実にある香港やカナダの四十一億六千万円を取られても、シンガポールにはまだ百億円以上も隠してあるのだ。

カネを引き出させるために拘置所から出してしまえば、香港などのプライベートバンカーに指示して、残りの秘匿資金を別のところに隠すこともできる。保釈されても海外渡航許可は出ないだろうが、海外のエージェントを呼びつけ、西山が書類にサインすれば済むことである。

もしそうなると、資金は再びタックスヘイブンの闇の中に消えていくだろう。

「和解となればうまいことといくかもしれない」

西山の息子は、そんな期待を抱いていた。彼はアルフレックス社の社員たちに対し、こんなメモを送っていた。

〈とにもかくにも、とりあえず保釈された後の計画しているウルトラC逆転満塁ホームランプランに全力を尽す予定です。そのタメにも、会社が内部からくずれないようにしっかりと支えておくように！〉

この息子と西山は一心同体である。香港などへの資金逃避も、息子が西山の指示に従ってやったことである。その二人はともに拘置所の中にいた。

さて、彼らのウルトラC逆転満塁ホームランプランとは何だろうか。※1

二〇一六年一月二十二日午前十一時、西山は息子とともに京都地裁刑事部の被告席にいた。旧友たちが保釈金集めに奔走した強制執行妨害事件の初公判である。二人はこれまで身上経歴以外は完全黙秘だった。

ところが、西山はここでいきなり意見書を提出し、「この通りです」とあっさりと罪を認めてしまった。西山は捨て身の奇策に出たのだった。

西山が提出した意見書には次のように記されていた。

1. 起訴されている各公訴事実について、争いません。
2. 今後、この裁判や示談交渉に誠実に対応します。罪証隠滅や逃亡を行ったり、そう受けとられるような行為は一切致しません。

傍聴席で、整理回収機構の顧問弁護士や社員、五、六人が聞いていた。「えっ」という声が席から漏れた。あっけにとられている。

――おお、その手で来たか！

と思った者もいた。西山は息子とともに黙秘から一転し、四十一億六千万円を海外に逃避させたことを認める戦術に出たのだ。検事が提出したすべての証拠書類にも同意するという。だから保釈してくれというのである。

法廷に詰めかけた記者たちは、トッカイと西山の泥沼の戦いを知らなかった。記者たちは「怪商」と呼ばれた男が逮捕され、起訴後勾留で痩せた姿をさらしていることで、彼もとうとう警察や整理回収機構の軍門に降ったと思っていた。朝日新聞の記者はその日の夕刊に、〈差し押さえ妨害を認める〉という見出しの記事を書いた。

〈整理回収機構（RCC）の差し押さえを免れようと会社の資金約41億6千万円を海

外に流出させたとして、強制執行妨害目的財産損壊等の罪に問われた京都市上京区の不動産会社「ペキシム」（２００４年解散）元社長、西山正彦被告（69）らの初公判が22日、京都地裁であった。西山被告は「争いません」と述べ、起訴内容を認めた〉

だが、回収機構の面々は、もともと西山の〝変節〟など信じていなかったし、独自に回収を図ろうとしていた。初公判の前夜、切り札の渉外弁護士一人を、ひそかに香港に送り出している。

そして、西山が初公判直後に保釈を請求したのを見て、彼らは確信した。

「西山は何が何でも外に出たがっている。和解交渉の次は、有罪を認める策に出た。それと引き換えに自由の身になろうとしている」

その回収機構以上に、検察側は西山の証拠隠滅を恐れていた。彼らの反対もあって、西山の一回目の保釈請求は何とか却下される。

だが、問題は三月十六日の第二回公判だった。そこで西山に対する被告人質問が予定されていた。西山が起訴事実について陳述し、裁判官に証拠隠滅の恐れがない、と印象づけることができれば、今度こそ保釈申請が認められる可能性が高い。下手をすると、これまでの追及がすべて水泡に帰してしまう。

第二回公判までに先手を打ち、プライベートバンカーに託された隠し資産を凍結するしかない。その日まで五十四日しか残されていなかった。

2　法の核兵器を使え

その日、中国を南下した寒気は、広東省の湾岸に達し、香港島を襲っていた。

西山が初公判を迎えたちょうど同じ日のことである。冷たい雨のなかを、頑健そうな日本人弁護士が香港セントラル駅に近い高層ビルの法律事務所に入った。単身だった。彼は整理回収機構の和田重太（じゅうた）と名乗った。協力弁護士の一人である。鞄の中には、京都府警が押収した物証の翻訳版や寝る間を惜しんで分析した資料が詰まっていた。旧宗主国の英国で学んだ香港の弁護士たちと、すぐに会議が始まった。

和田は西山の海外資金を凍結し、香港の弁護団を組織する任務を帯びていた。和田は、同じ大阪で開業し、回収機構の特別審議役でもある髙橋典明に求められて、二年前から西山追及団に加わっている。資料の読み込みから海外弁護士との調整まで国内外を奔走し、スピーカーホンを使った国際電話会議にもすべて参加していた。

今回も自分の仕事を後回しにして、香港に来ている。それは髙橋から、「早急に香港に飛んでくれませんか」と、香港弁護団との談判を頼まれたからだ。裁判日程からしても、回収機構やトッカイとスケジュールを調整してチームを作っていては、とても間に合わなかった。

和田は「よろしくお願いします」というときに、語尾の上がる関西人である。神戸市の名門・私立灘高校を経て、東京大学法学部を八七年に卒業した俊才だ。ただ弁護士登録は大卒から四年後、塾講師をしていたときで、それから半年近く南米を放浪した。しかも九八年からコスタリカの国連平和大学で人権と平和教育を、二〇〇一年からは米国バーモントロースクールで環境法を、それぞれ学んだ変わり種である。

――弁護士をやるだけでは面白くない。何か体系的に勉強したいな。

そう思って留学したのだ。留学や海外放浪の体験を積んだことで、英語とスペイン語に堪能だが、西山海外案件の中心的な実務メンバーを務める一方で、沖縄の辺野古基地埋立工事に反対する「ジュゴン訴訟」の代理人を務めたり、環境問題も手がけたりしている。一概に定義づけることが難しい人物なのだ。

弁護士仲間には、国際渉外弁護士というよりも、人権派の「町弁（まちべん）」と評価されている。町弁は身近な事件を扱う「町の弁護士」という意味だが、彼が国内外を問わず事件を手がけるのはたぶん、知的関心が高いからである。カネを握った者が資産を隠すのは容易だが、それを追跡するとなると至難の業だ。しかし、彼は難しいからやりがいを感じる、そんな質の弁護士だった。

トッカイには、それまで語学はいま一つという職員や弁護士が多かった。だが、不動産業者らがプライベートバンカーを使って、タックスヘイブンに資金を隠匿していることが次々と判明したため、それに対抗して、トッカイ側も和田のような国際法規と語学、それに説明能力に長けた弁護士を仲間に加えるようになっている。

西山は、ケイマン諸島に作ったペーパーカンパニーについて法廷で問われ、こう述べている。

「あのね、海外において、その（ペーパー）会社は駄菓子屋のお菓子みたいなもんで、もう、幾らでも作っては（解散する）。覚えてない会社の名前もあるくらい」

香港出張の和田は急いでいた。ぐずぐずしていては西山の保釈を許してしまう。西山の息子がメモに記した「逆転満塁ホームランプラン」を実現させてしまうか。それとも西山の海外資金を凍結し、回収するか――西山にとっても、追い詰める和田やトッカイにとっても、まさにいまが正念場だった。

タックスヘイブンに隠した資金は、「富裕層の傭兵」と呼ばれるプライベートバンカーに守られている。今回の西山のようにプライベートバンカーにダミー会社を作らせ、タックスヘイブンの聖域にあるダミー会社名義で資金を隠匿されると、実に厄介（やっかい）だ。トッカイと弁護士は隠匿のトリックと資金の流れを暴いたうえで、プライベートバンクのある海外の裁判所で、西山の個人資産であることを立証し、資金の凍結命令を勝ちとるしかない。

極端に言えば三つの国で百の口座に分散していれば、その百の口座一つひとつについて立証をしなければならないのだ。

ただ、和田や髙橋たちには秘密兵器があった。香港の弁護団と接触しているうちに、彼らは「法の核兵器」と呼ばれる資産凍結命令が、英国法系の国にあることに気づいたのだった。

これは、「マレーヴァ型差し止め命令（Mareva Injunction）」といい、日本や米国にはない法理である。国外にいる債務者が国内の資産を隠匿する危険性が高いと判断されたときに、債権者の申し立てによって、資産を国外に持ち出すことをいっさい禁止することができ、国際詐欺事件や巨額横領事件などで発令されてきた。

日本の民事保全法が、債務者の財産を特定して仮差し押さえ命令を申し立てる必要があるのに対し、マレーヴァ型資産凍結命令は、一つの命令で被告の全財産について対人的に処分禁止を命じることができる。資産凍結命令に付随させ、金融機関に債務者の財産の開示を命じることも可能だ。

日本の差し押さえ命令が債務者の資産に一つずつ爆弾を落としていくのに対し、マレーヴァ型は一つの〝核爆弾〟で債務者に致命傷を与えることができるというわけだ。香港、シンガポール、カナダがたまたま、その英国法系の国だったことが和田たちには幸いした。

「よし、これで行こう。法の核兵器で三つの国の秘匿の壁を爆破しよう」

それは弁護士たちの合い言葉のようになった。

それから五十四日間、和田、髙橋、鈴木らは日本、香港、シンガポール、カナダを駆け回った。国をまたぐ日帰りの〝弾丸会議〟も彼らは苦にしなかった。

香港弁護団を組織した後、トッカイ弁護団は二月十日、西山に対して京都地裁に債権者破産を申し立てた。西山たちの動きを縛りながら、西山が破産者であることを三ヵ国の法廷に示し、早期に資産凍結命令を受けるためである。

同じ日、別の弁護士がシンガポールに出張していた。ここでも現地弁護団を作ると、翌日、香港に飛んで、資産凍結に向けた会議を開いた。

そして、その四日後に、京都地裁で西山資産の保全命令を受ける。正確に言えば、破産手続き開始前の保全処分命令である。

彼らはそのなかに「日本内外を問わず、いっさいの財産の処分を禁ずる」という、マレーヴァ命令を左右する重要な趣旨が盛り込まれていることを確認すると、三つの裁判所に提出するために、判決文や関連の公判調書、資料の整理と英訳作業に入った。※2

その十日後の二月二十五日には、カナダの弁護士と打ち合わせて、すぐに帰国した。資産凍結命令の申し立てを三ヵ国ではじめたのは三月四日からである。即日、香港の裁判所でマレーヴァ命令の発令を受けた。

シンガポールでマレーヴァ命令を勝ち取ったのは三月十日。カナダの裁判所は翌十一日深夜、待機している弁護団のところに、資産凍結命令の知らせが飛び込んできた。三ヵ国連続である。

「やった！　こんな短期間にできるやなんて、これは奇跡や」

と弁護士の一人は思った。そして真夜中に、乾杯のない静かな喜びに浸った。

これで西山は三ヵ国に隠したすべての資産を動かせなくなった。一九九七年に消えた住専資金の多くを、二十年目に凍結したのだ。

西山が凍結命令を知ったのは、この翌日の十二日である。彼に情報が届き、手を打たれる前に、「法の核兵器」を落として、法廷の内堀まで埋めてしまったのだ。

西山の破産手続きについて開始決定が出たのは三日後の三月十五日のことである。

管財人がさっそく京都拘置所にいた西山に会いに行った。

「もうここまで来たのだから口座情報を自ら開示してくれないか」

そう求めたが、西山は挑戦的な姿勢を崩さなかった。三つの国から出た差し止め命令の受け取りすら拒否した。そして、

「協力したくても、拘置所の中では協力しようがない」

とにべもなかった。

3　言わなあきませんの

三月十六日。強制執行妨害事件の第二回公判日がやってきた。

前回と同じく京都地裁一〇一号の大法廷である。午後一時半の開始時には、傍聴席に髙橋、トッカイ顧問弁護士の守口建治、トッカイの担当部長、次長、課長、担当者がそろっていた。それに預金保険機構からも四、五人が、こちらも大阪から駆けつけてきている。西山の関係者たちもいた。

そのなかに、不機嫌そうな西山をにらむトッカイ関係者がいた。彼は「ガチガチに追い詰めたぞ」と思っていた。

――あんたはね、みんなを敵に回したよ。ここに来ているのは、回収機構だけではないんや。警察も、検察も、外国の裁判所も、いまやみんな、あんたの敵や。自衛隊以外はみんな来てるんやで。

だが、彼らは被告人質問が始まると間もなく、西山がまだ退きながらも、しぶとく抗おうとしていることを思い知った。それは西山の弁護人に続いて、検事が立ち上がって質問をはじめたときに鮮明になった。

彼は一九九七年に四十二億円を海外に逃避させている。検事はその確認からはじめた。

「なんで海外に資金を移動させたかについてなんですが、それは、日本に資金を置いておくと、ＲＣＣ（回収機構）から回収されてしまうと思っていたんではないですか」

時折、言葉に詰まりながら、彼はしぶしぶ認めた。

「日本に置いとくと……もっと、それ、根本的に言うたら、もう、日本ではまったく商売ができない。だから、あなたのおっしゃるとおり、ＲＣＣから回収される、もう、相当のリスクも当然あって、日本では商売ができないということですね」

「もともとの四十二億円の原資は、借りたおカネですね」

検事は住専マネーだろうと指摘しているのだ。西山は少し考えて答えた。

「……いや、そうではないと思います。私とこの家族だけで持ってた現実的な自己資金というのは、十五億から二十億ぐらい、たしか、あったと思いますけど」

「しかし、自分たちの資金だけでは、この四十二億円はまかなえないですね」

「はい、そうです」

「つまり、日本に置いておいたらこのまま回収されてしまうから、海外に逃がしたんではないですか」

「うん。そういう面がないかと言えば、そういう面はあります」

検事はさらに、ダミー会社を使った西山の資金操作を突いた。

「なんで、こうやって複数の会社を作ってアルフレックスの増資をすることにしたんですか」

すると、西山が急に多弁になった。

「そんなん、海外でファンドやってる人は、もう、複数の会社作るなんて当たり前じゃないですか。香港なんかは、相続税もないし、贈与税もないんやし、何にも税金のない国において、おんなじ会社を後生大事にずっと続けていくわけないじゃないですか」

「こういった会社に、いずれもあなたの名前が直接出てこないみたいなんですけれども、その理由は何ですか」

「それは、一番の理由は……」。一呼吸置いて、彼は言い直した。

「もう、私の名前を出したくなかったからです」

「それはなぜですか」

「なぜって？　あなたがおっしゃりたいRCCの問題とか、そんなんでは基本的になくて、そんなたくさんの会社を順番に作っていって、全部自分の名前にしたら、自分がどの会社のことでサインしてるのかわからなくなりますから」

検事はたたみかける。資産隠しのために自分の名前を伏せているということを裁判官に印象づけようとしているのだ。

「でも実質的にあなたの会社であるなら、別に、自分が会社をいっぱい持っていて、いっぱいサインが必要になっても、困りませんよね」

「困りますよ。一つの仕事をするために、一つの会社を作るんですよ。だからもう、たとえば会社を一つ作って、そこで一つの事業をして、で、じゃあ、儲かりましたね、損しましたね、じゃあ、これでお別れしましょうって言って、ぱっと別れるんですやん。それに全部、何もかも全部、自分は社長であって自分でやるかって言うたら、そんなんやりませんよ」

この後も、西山のダミー会社論が続く。言わせるだけ言わせて、検事はさらりと切り出した。

「平成十五（二〇〇三）年から十七年に、アルフレックスに増資の形で戻ってきたおカネは、以前、あなたが海外に逃げさせた四十二億円の一部だったということですね」

「うん。その一部やったんでしょうね。おカネなんか、交ざってしもて、どれがどれかわかりませんけども、それは、その中の一部であることは確かでしょう」

つまり、西山の住専マネーを「一部」にせよ、日本に還流させたことをはっきりと認めたのである。では、「一部」以外のその残りのカネは誰のものなのか。そこを検事は突いた。

「その増資の中で、あなたのおカネは、何パーセントぐらいあったんですか」

「あのねえ、さっきから申し上げたように、こういう大きな升があったときに、この一部、これ、四十ミリオン使いますよね。このうち何パーセントが何かって。全体のうちの何ぼぐらいが自分のかはわかりますよ。だから、私は、アルフレックスにだけ投資するための人を募集してるわけと違うんですよ」

「じゃあ、あなたが扱っていた投資のおカネ全体で、あなた自身のおカネのパーセンテージは、どのぐらいなんですか」

「言いたくありません」

「言いたくないですか」

「はい」

「五十パーセント以上ですか」

「いや、そんなありません」

「四十パーセント以上ですか」

「これは、言わなあきませんの」

「別に、言いたくなければ言わなくていいんですよ。聞くだけ聞かせてもらっているんで」

「…………」

それほど口をつぐむのは、なぜか。トッカイの関係者が言う。

「『自分は銀行の人脈を広く持っていて、いろんな投資家が来るんだ』と西山は言っていますよね。それが本当かどうかはわからない。その理由はたぶん二つあって、ここから先は想像ですが、一つは、自分のカネなのにそうやってウソをついているのか。もう一つは、もし何がしか投資を依頼されていたとすれば、それはかなりややこしいカネですよ。言っちゃうと自分の命がないような先かもしれない。どっちにしろ、口が裂けても彼は言わないでしょう。それはそれでいい。裁判所としては、言わないんだったら、全部あなたのカネとして背負っていけばいいということになるでしょうよ」

その後もこの秘密について、西山ははっきりと答えなかった。

また、検事は、三十九億六千万円を香港に送金したのは、RCCから差し押さえられるという気持ちからだろう、という追及もしている。だが、西山は送金は認めつつ、やはり、自分のカネはその一部であると言った。

「いや、そやけど、あれが私のおカネなんていうことの証明なんか、できるわけないと思ってましたもん。私のおカネは一部ですけども、その一部のために全体を押さえられるかどうかなんてことは、そんなことは知りませんでした」

法廷にいたトッカイ弁護士の一人は、それを聞いてこう思った。

——それができる、わしらはやっているんや。


この日、西山は夕方まで法廷でさんざん追及を受けた末に、自らの奇策が裏目に出たことを知った。

西山弁護団からすると、西山が問われている強制執行妨害目的財産損壊等罪の最高刑は三年、微罪である。公判の後、彼らは証拠も全部認めたことだし、今度こそ保釈を認めてほしいと求めたのだが、京都地裁は西山の資産逃れは常習性があるとして却下してしまったのだ。第一回公判で罪を認めてしまっているのだから、反論のしようがない。西山の関係者は、「まいったなあ」と漏らした。

それ以前に、西山の奇策は海外の裁判所に強い悪印象を与えたのだった。一回目の公判で罪を認めたということは、彼を知らない海外の裁判所にしてみれば、「自分はクロです。海外逃避を続ける危ない業者でもあります」と自ら認めたようなものだ。それが海外裁判所の凍結命令に直結し、日本の裁判官たちにも大きな心証を与えた。

西山に判決が下ったのは、それから三ヵ月後の二〇一六年六月十七日。裁判長の中川綾子は、求刑通り、懲役三年の実刑判決を言い渡した。トッカイ側の完勝である。

裁判長は、「約四十二億円に上る西山の海外送金は露骨な資産隠しであり、その手口は強制執行が困難な海外口座に資金を逃避させるなど巧妙、かつ大規模、組織的で、この種の事案としては類を見ない巨額の隠匿事案である」と断じ、「被告人は一応犯行を認めているものの、公判廷においても曖昧な供述に終始しており、真摯な反省は認められない」と非難している。

そのとき、西山は苦笑いのようなものを浮かべた。

罪を認め、カネは払うと言っているのに、それで実刑か。好きにせえよ——。あれはそう言っているのだな、とトッカイ弁護士たちは思った。

控訴しないまま判決は確定し、西山は滋賀刑務所に服役した。息子はそのひと月後に懲役一年六月の実刑判決を受け、控訴の末、棄却されて受刑している。

だが、髙橋を中心とする回収機構弁護団の奔走は続いた。

これまでに、西山の隠匿資金(ドル安などがあり、現在はその総額を約百五十億円としている)のうち、シンガポールのプライベートバンクから約百億円を回収した。遠からず香港からも約三十億円を回収する見込みだという。

カナダの法廷ではなお交渉が続く。たぶん、回収までには数年を要するだろう。それまでにタフな西山が戻ってくる。決着はまだ、ついていないのだ。

終章
勝ったのか

末野謙一は、「ごりがん」を自称している。

ごりごりの無理押しという意味らしいが、加古川刑務所から出所して十六年が過ぎ、七十五歳になったいまも眼に傲然たる光がある。背筋をピンと伸ばして、「酒も飲むし、まだようさん女おりますよ。何もかもできる気力がある」と言った。人生の三分の一近くを、「借金王」と呼ばれて生きている。いまなお整理回収機構の追及を受け、〝回収時効〟のない身なのである。

実際には、債権の消滅時効は十年だ。だが、「末野に隠し金あり」と見る回収機構は二〇一五年十二月、またも時効停止のための訴訟を起こし、彼個人に利息を含めて七千六百六十八億七千四百九十万円余の返済を求めたのだった（回収できない元本分は一千六百四十六億円）。

これを無視した末野は翌一六年三月に敗訴した。西山が刑事事件で敗れる三ヵ月前のことである。末野の返済額は、年間十四パーセントの利息（遅延損害金）が上乗せされ、毎年約二百三十億円ずつ増えつづけている。八年後に返済額は一兆円を超すだろう。

回収機構の幹部は、「逮捕したとき、割引債か何かの債券は押さえられなかった。末野が生き延びてるのはおそらくそのカネがあるからだと思う」と推測している。

当の末野は、財産もなければ何もないんですから、気にもせえへん、と言っている。体重を百キロから八十キロ近くに減らしたものの、商才と相手をこき下ろす罵倒力は相変わらずで、彼は私のインタビューに三度答え、嗄れた早口でこんな話をした。

「僕がどこかにゼニ隠した言うけど、中坊さんも破産管財人も（死んで）おれへんし。訴訟はいやきち（大阪弁でいやがらせの意）に過ぎないんです。ほしたら隠してるところ証拠見つけないと。そんなものがあったらね、表に出て来てから堂々とは仕事できませんわ。もしあってね、よう見つけんかったらバカでんがの」

回収機構などによると、末野とは切り離した形で、親族や彼に近い人物が不動産会社など十一社を経営し、六十五棟の貸しビルを持っている。彼はあくまでもアドバイザー役だという。

ただし、「このままではおりませんから、もうしばらくしたら、表に出られる。スポンサーもファンもいっぱいできてますから。いまのところはただの〝もぐりの末野さん〟やから」と言った。表の事業家として再起するというのだ。そして、これを書いとって下さい、と付け加えた。

「これから一生懸命生きてね、カネ儲けできたら、住専の借金も返そかな。儲けなあきまへんな」

回収機構は、ほかにも五十を超える悪質債務者に対して、同様の時効停止を求める訴訟を起こしている。不良債権はまだ逃げているのだ。

たとえば、在日本朝鮮人総連合会（朝鮮総連）に対しても、利息を含めて約九百十億円の返済を求めて提訴し、二〇一七年に全額支払えという判決を得ている。回収機構は破綻した十六の朝銀信用組合から不良債権を受け継いでおり、融資を焦げ付かせたとして朝鮮総連を追及しつづけている。

「住専や不良債権の時代は忘れられつつあるが、彼らの借金を時効にしたら国民が許さんだろう、と思いますよ」と関係者は言う。

実は、回収機構は冒頭の末野債権の時効を停止させるために、訴訟印紙代（中立手数料）だけで一億七千万円以上もかけた。内部には「印紙代が膨大なので、末野の提訴額は百億円ぐらいでいいのではないか」という声があった。ところが、「末野にはビタ一文まけてはならん」という上層部の一声で、空前の金額を取り立てることになった。

回収機構は中坊時代と大きく変質し、官僚化が進んでいるという批判もあるが、ここだけはまだ、「一生、取り立てる」という中坊の遺訓が生きている。

——トッカイは勝ったのか、それとも負けたのか。

大阪と東京の特別回収部長を務めた下國士郎は、自問することがある。

大阪ではトッカイが追及した不動産業者が復活して、再び稼ぎはじめている。灰色の巨大な街を電車の窓から眺めると、末野のファミリー企業の看板が目に入ってくる。悪質債務者から回収できた債権はごく一部に過ぎない。その残りは銀行などが償却処理し、多くが闇に消えた。できる限りのことをしたと思いながらも、その結果がこれか、と下國は思うときもないではない。

トッカイ副部長だった池田等は、「はたして、自分の回収や再生は国民にプラスになったのだろうか」とさえ思うことがあるという。

回収に関わった人々の大半は辛く、鬱々（うつうつ）とした毎日を過ごした。看板だけは「国民のために」と高く掲げ、出世や希望を見出すことが難しい〝奪り駒〟の会社で、短く激しく生きた。

退職金は驚くほど安く、住専勤務を通じて企業年金ももらえなかった者もいる。池田の退職金は日住金と回収機構の分を合わせても一千二百万円程度だし、下國の場合は銀行員の半分程度しか払われなかった。それでも頑張ったと言うつもりはないが、できることならば、そこで生き抜いた日々は、世の中に意味があったと思いたいのだろう。

下國たちが元の部下たちと会うと、そんな苦い話になる。彼が池田や元トッカイ班長の林正寛と十一年ぶりに再会したときもそうだった。春の寒風が吹き抜ける大阪駅近くの、掘りごたつを切った居酒屋である。

なぜあんな将来性ゼロの、報酬でも報われないところで働きつづけられたのか、という話題になって、下國は、

「正義感ですよ。みな、くそ真面目に情熱家だったな。自分がやったことの落とし前は自分でつけようと思ったのではないかな」

照れながら、そんな話をした。下戸の池田は珍しく生ビールを注文して、少しだけ口をつけていた。

「まあ自分たちが作って、世間から批判された不良債権でしたからね」

「はじめは混沌とした感じでしたが、僕は重たいことはあんまり考えてませんでした」

と言ったのは林である。

「使命感のような重たい気持ちは、関西気質には似合いませんわ。二日酔いで頭は重たかったけど。下國さんからパワハラがあるわけですよ。夜の八時、九時まで。こっ

ちもへとへとになるし、言った方もへとへとになるから、『もう、のども渇いたからビールでも飲み行くか』。それがまた嬉しいわけですよ」

「パワハラかあ、うーん」

と下國が口をへの字にして笑う。

「下國さんは班員にあまり人気がなかった。でも、僕らみたいな叩き上げの昭和の人間は、パワハラの後の優しさがこたえる。ああ、いいなあ、とそれはめちゃめちゃ嬉しかった。いつの間にか、国民に二次負担をかけないという使命感よりも、なんかこの上司やら、その上の中島先生（弁護士）を胴上げしたいとか、そんな感覚にもなりますよねえ。浪花節というか、そんな世界でしたね」

林は一気に言って、「黒霧島、ロックでお代わり！」と注文した。

「それと、二次損失を出さない、という中坊さんの厳しい方針がありましたね。苦しいなかの知恵が『簿価超二倍づけ』でしたよ。簿価超回収というのが認められていて、簿価がたとえば百億円あって、二百億円回収すれば（差額の）百億が簿価超になる。すると自分の班で、その簿価超分を使って、その二倍の分の損失を出していいことに現場ではなっていた。で、簿価超の貯金通帳があった」

池田の打ち明け話に、座は一気に沸いて、林が「それ、損失補塡や」と大笑いした。

赤い顔をした下國が、遠くを見るような目になっている。

「班長よりも俺は、問題物件を知っていたよ。土、日に自分の車で全部見に行ったから。インスタントカメラで現地の写真を撮って、家に置くのは嫌だから、会社の机の中に入れようと会社に行ったら、池田さんが仕事をしてたね。ほかにも十人ぐらいいた。みんな百メートル走を走ってた」

平成の時代だったのに、モーレツ社員の縮図だったな、と言った。

「それは下國さんが悪いわけ。仕事が多すぎて絶対に時間が足らない」

たちまち池田が反論し、「今思えば、ブラック企業にパワハラだらけという、とってもトレンディな環境にいたなあ」と林は笑った。

酒の匂いに満ちた座には、俺たちはやれることはやったという満足感と、いまの回収機構は官の天下り先になっているんじゃねえのかという疑問があふれ、そこへ、しぶとい末野や西山らとの攻防の思い出話が交錯してもつれ、それから議論は延々と続いた。

その夜のことを、林はこんなふうに自分のブログに書いている。

〈あのころ、債権回収の現場は、どこから弾が飛んでくるかわからない戦場のようで、当時三六歳の私は、最年少で班長という肩書をいただいてはいたものの、要するに、特攻隊長のようなもので、現場の責任者として、平日はもちろんのこと、休日も、朝から夜遅くまで、社内外を走り回っていた。
つらかった記憶も今では、薄ぼんやりした柔らかな思い出になり、熱血漢といえば聞こえはいいが、つまりはパワハラが服を着て歩いているようだった上司二人との久しぶりの酒もとても美味かった〉
酒が美味かったのは、たぶん誰も後悔や愚痴を口にしなかったからだろう。金融敗戦の惨憺(さんたん)たる現場で、あのとき、それぞれが思いがけず、自分の熱血を発見した。
それを再会の場であらためて確認して、その夜、林は一人飲みなおすために、いさまし気に歩いて行った。

注

序章

※1『中外日報』'86年6月27日付記事インタビューでも、西山正彦は次のように語っている。

「京大の入試の前に私は事件を起こし、警察に逮捕されましてね。だから、大学の時には試験が受けられんで、すぐ商売のほうにね」

※2『古都税の証言―京都の寺院拝観をめぐる問題』(京都仏教会編 '17年丸善プラネット刊)133〜134ページ　蓮華寺住職　安井攸爾師インタビュー

〈社長は、おかっぱ頭で若い感じの人やったけれども、「そんなこと、あんたらが手を出す問題と違う」と、理路整然と話し始めたのですよ。鵜飼君は「うっ」と詰まってしまった〉とも述べている。

※3『現代』(講談社)'85年10月号

「清水、金閣を手玉にとった男　怪商・西山正彦が京を牛耳る　皇后の弟、東伏見慈洽や高僧たちを操り、仏教会に君臨する〝闇の支配者〟」(米本和広)

※4『古都税の証言―京都の寺院拝観をめぐる問題』75ページ　旧「三協西山」元社長　西山正彦インタビューより

※5『古都税の証言―京都の寺院拝観をめぐる問題』１０３ページ　極楽寺住職鵜飼泉道師インタビュー
〈それでも彼は一定の絵を描くことはできたのです。それは事件経過の事実として認めざるを得ない。いいとか、悪いとか、評価の問題は別ですが〉とも語っている。

※6「京都五山」と呼ばれたのは西山のほか、次の4人である。
山段芳春（京都自治経済協議会理事長、キョウト・ファンド会長。「京都のフィクサー」と呼ばれた）
高山登久太郎（指定暴力団・会津小鉄会四代目会長）
大山進（日本工業社長、不動産ブローカー）
山崎種三（専門学校「科技専グループ」オーナー）

※7『私の見てきた新町』（'00年鈴木金子著＝非売品）16ページ
〈子供のころ、私は母から「新町は江戸時代、日本で一番の花街やったんや」という話を何回も聞かされていました〉

※8『私の見てきた新町』62ページ

※9『読売新聞』'66年7月4日付、大阪版夕刊社会面

〈「事故車弁償しろ」暴力飯場組長逮捕　雇った運転手脅す〉

※10『朝日新聞』'91年8月2日付、大阪版朝刊社会面

〈末野興産社長ら逮捕　福岡・中洲に違法承知でビル建築

福岡県警福岡地区暴力団犯罪集中取締現地本部と福岡中央署は1日までに、福岡市の歓楽街・中洲に建築基準法に違反したテナントビルを建てていたとして、大阪のキタやミナミなどで貸しビル業を営む不動産会社の社長ら4人を同法違反の疑いで逮捕した。4人の中には暴力団とかかわりのある人物も含まれており、福岡県警では不法に得たビルの権利金、テナント料などが暴力団に渡っていたとみている〉などとある。

※11『大阪春秋』平成22年春号37ページ「髪結いが見てきた新町今昔」（西平のぶ子）

第一章

※1『聞き書　宮澤喜一回顧録』（御厨貴、中村隆英編　'05年岩波書店刊）284ページ

※2『富士銀行史』（富士銀行企画部一二〇年史編纂室編）261ページ。『住友銀行百年史』（住友銀行行史編纂委員会編）も順次増強予定だった、と明かしている。

※3『20周年記念　寄稿集』（整理回収機構編）24ページ

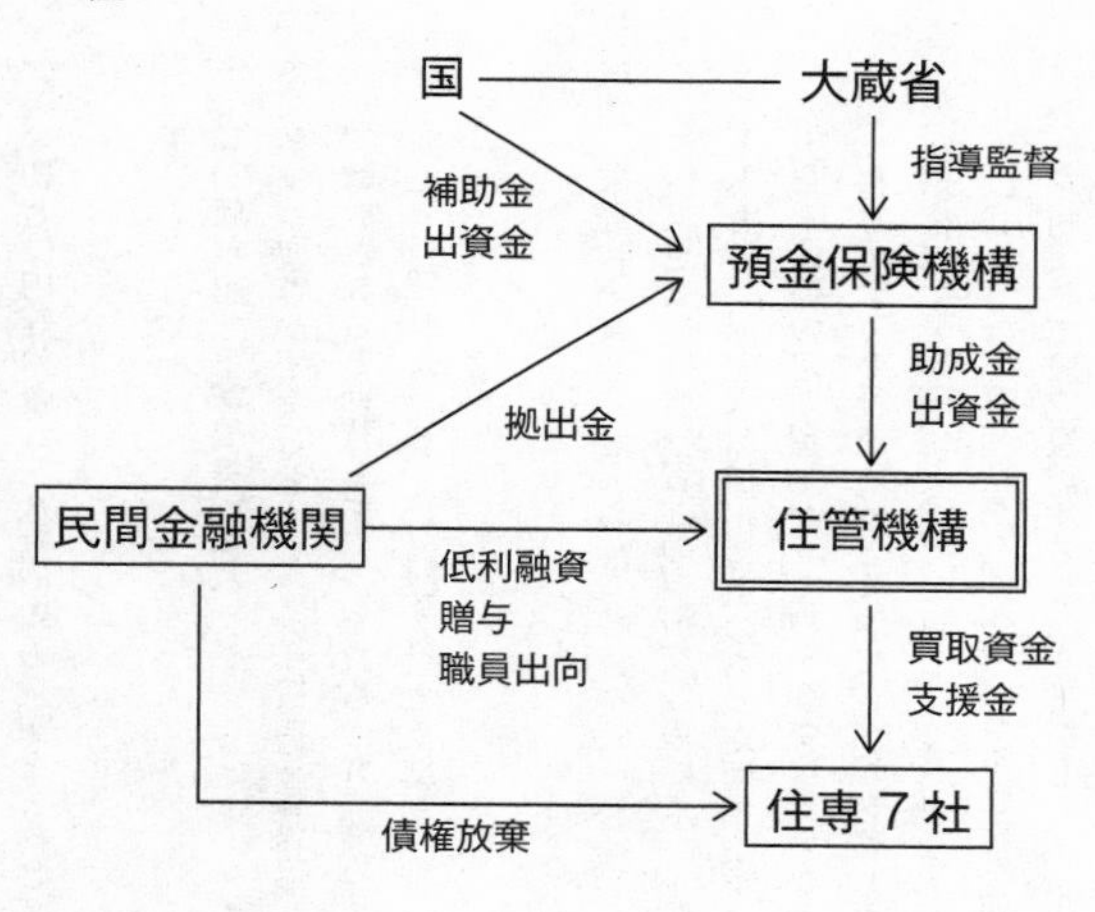

〈木津信組本店では3000億円もの現金（1億円のビニールパック入り）3000個が事務部の事務室内に積み置かれて、すぐに営業店に配布された〉ともある。

※4　末野判決文（平成11年10月27日　大阪地裁第一四刑事部判決）

〈被告人末野らは、定期預金の名義を次々と替えながら、木津信組において多額の定期預金を継続していたが、木津信組の経営不振が噂されるようになったことから、まず、同年二月二八日、四ツ橋ビルディング名義の約一一二億円、天祥名義の約九億円、キンキビル管理名義の約二億円、大阪コーポレーション名義約一億円、センチュリーコーポレーション名義の約一億円の合計約一二六億円を解約して引き出し、次いで、同年三月二八日、四ツ橋ビルディング名義の約五四億円を解約して引き出し、さらに、木津信組の経営破綻の情報を入手したことから、（中略）同年八月二九日木津信組に残っていた天祥名義の約一八八億円、キンキビル管理名義の約一八〇億円、センチュリーコーポレーション名義の約七億円、コメダコーポレーション名義の約七億円等の合計三八六億円の全額を解約して引き出した〉

第二章

※1『20周年記念　寄稿集』74ページ

〈私は、捜査が始まるとすぐに応接室に軟禁状態におかれ、トイレ以外はその部屋から出ることも許されず、解放されると期待していた昼食も「弁当買ってありますから」の一言で終わり（初めて税金で食事をしました）、捜査が終了した21時50分まで拘束されました。後から聞いた話では、トイレに行く時も見張られていたとのことでした〉

※2　末野判決文

〈被告人足立は、債権者との返済交渉の際に、不動産を第三者に売却し、その売却代金で返済する旨申入れるとともに、前記木津信組報道のあった同年（平成七年）九月上旬ころ、被告人末野に対し、「住専も新聞に出た木津信の定期預金がうちの預金ではないかとうるさく言って来ていますので、今のうちに不動産の名義を移しておく会社をもっと作って、名義を移した方がいいですよ。木津信の定期がうちの預金だということが債権者に分かれば、それで返してくれと要求してくると思うので、不動産の名義を移すことを急ぎましょう。」などと進言し、末野興産の所有不動産を隠匿するため、その所有名義人とする多くの会社を「見せ金」を利用して設立登記することを進言し、被告人末野もこれを了承した〉

※3　田中森一＝長崎県出身、岡山大卒。在学中に司法試験に合格し、検事任官。東京地検特捜部のエースとして鳴らしたが、捜査方針をめぐって検察上層部と衝突し、退官。弁護士に転ずる。裏社会の大物の顧問弁護士を務めたが、石橋産業事件に連座し、逮捕、服役。釈放後に刊行した著書『反転　闇社会の守護神と呼ばれて』はベストセラーになった。
　2014年没、享年71。

※4『平成バブルの研究（上）』（村松岐夫・奥野正寛編、'02年東洋経済新報社編）
「第2章　1980年代後半の資産価格バブル発生と90年代の不況の原因」100〜101ページ
〈金融機関や監督当局は信用不安を恐れて、不良債権問題の深刻さを小さめに発表し続けた。こうした説明は当初、実際の状況の深刻さを小さめに見積もった程度であったと思われる。しかし不動産価格の下落が続くにつれて、徐々に「小さめの見積もり」が、「虚偽の発表」に変化していった。金融監督当局の役人にとっては、個人に対する法的な責任追及は行われないが、上場金融機関の役員にとっては、「有価証券報告書の虚偽記載」という刑事・民事両面から法的な責任追及を受ける問題に発展しうる。経営が悪化した金融機関の取締役にとってみれば、不良債権問題を隠蔽し続けて経営を続け、将来責任を追及される可能性はあるもののうまくいけば無事退職して責任を回避しうる先延ばし策をとるか、あるいは深刻な問題を公表することで直ちに取り付けを発生させるか、という困難な選択に直面した。そして多くの場合、金融機関経営者は、問題の先送りを選択した。さらに金融監督当局も、97年初め頃までは、不良債権問題の隠蔽を支持し続けたといえる〉
同109ページ

〈住専処理では、裁判所が関与する破産法や会社更生法などの法律に基づく倒産処理は行われず、住専の経営陣に対する責任追及もあまり行われなかった。全ての住専は清算され、その損失の大部分は母体銀行が負担した〉

※5『聞き書　宮澤喜一回顧録』285ページ

※6『20周年記念　寄稿集』136ページ

〈「国民の血税を…」とテレビや新聞で騒がれ、ビル前の通りには街宣車、日常業務中に行った取引銀行の窓口では「会社名でなく個人名で呼んでください。」と頼む日々。単独行動の時は住専職員であることを隠すような時期もありました。悲しい記憶です〉

※7『20周年記念　寄稿集』34ページにも〈ビル自体は8階建ですが、奥行きが長く、なかなか使い勝手の悪い事務所で、窓の近くに四谷警察署内のガソリン給油所があるようで、よく事務室内にガソリンの臭いが立ち込めていました〉とある。

※8「入社案内」にはこのほか、休日、休暇の規則が詳細に記され、銀行なみに休みがとれるとの印象を与える。

※9『住管機構　債権回収の闘い』(中坊公平・住管機構顧問弁護団著、'99年ダイヤモンド社刊) 7ページ

※10『20周年記念　寄稿集』31ページ
〈入社当時、私は個人ローンを担当していた。「この仕事は恨まれることはあっても、『ありがとう』とは決して言われない仕事」で、この先十数年は毎日嫌な思いをしなければならないと憂鬱だった。もちろん、仕事以外での楽しみはあったが、仕事を心底楽しいと思える自信はなかった。事実、顧客からはしばしば文句を言われたり怒鳴られたりして、気になって寝付けない夜もあった〉

※11『野戦の指揮官・中坊公平』（NHK「住専」プロジェクト編、'97年日本放送出版協会刊）39ページ

※12　住管機構の資本金は預金保険機構が出資したが、その財源は、日銀の拠出金1000億円と、関係金融機関による金融安定化拠出基金の1000億円だった。（327ページ上図参照）

※13　住管機構は、つぶれた住専7社の債権13兆1900億円のうち、回収が可能とみなされた総額6兆7800億円の債権回収を背負った。残った6兆4100億円は、住専の母体銀行が3兆5000億円を、その他の一般行が1兆7000億円をそれぞれ分担（債権放棄）し、さらに農協系金融機関の負担能力（5300億円）を超える6800億円の一時損失と50億円の預金保険機構への出資金について、公的資金（税金）を投入することが'95年12月閣議決定された。問題は、その「回収が可能」とみなされた6兆7800億円のなかに、実際は回収が困難な債権が大量に含まれており、その岩盤を突き破れなければ、新たなロス（二次損失）が出てしまうということだった。

前略
紅葉の美しさも終わり、足早に京都の町にも冬がやって来ました。

京都の冬といえば「千枚漬」という漬物が店頭に並びます。特に珍しいものではありませんが、送らせて頂きます。

送らせて頂く範囲は、各事業部の支店長さん、特整部の班長さん、この方々とペアーを組んで頂いている弁護士さん、です。債権回収という仕事のうえで、私ともっとも接触の多い皆様方です。

褒めることは少なく叱ってばかりいますが、皆様に回収のプロの技術を覚えて頂きたいと思う一念、と、皆様が回収のプロになることが全国民のためになるからです。

しかし、私自身も人の子、やはり怒るよりは笑うのが好きです。同時に、怒るときには相手の気持ちを考え、ひるむ気持ちにも駆られます。ひるむ気持ちを振り切った後には、一層の悲しさや淋しさが残ります。

これからさき、回収の仕事はどのような事態に遭遇するか分かりませんが、それぞれ精一杯頑張って生きていきたいと思います。

こんな気持ちの千枚漬一樽です。どうかご笑納下さい。

早々
平成九年十一月二十五日
中坊公平

※14　中坊公平が社員に送った三つ目の手紙（334ページ）

第三章

※1　回収機構内部資料及び『住管機構　債権回収の闘い』139ページ

※2『整理回収機構10年のあゆみ』（平成18年10月、整理回収機構編）146ページ

〈財産調査権は、債務者の財産が隠されているおそれがある場合や、債務者の財産の実態を解明することが特に必要であると認められる場合などに、預金保険機構に認められた調査権である。

この財産調査権は、整理回収機構が住専および破綻金融機関などから譲り受けた不良債権を回収するうえで、これらの不良債権の買取りにあたり公的資金が投入されていることから、整

理回収機構に対する広範囲な指導・助言の一環をなすものとして、住専法などの規定により認められたものである〉

※3　末野への筆者のインタビュー

※4『住管機構　債権回収の闘い』２０２〜２０３ページ

※5『20周年記念　寄稿集』13ページ
〈厳しいノルマに苦しんでいました〉に続いて、次の記述もある。

〈弁護士も受け身ではなく、職員と一緒に回収するのだという方針がありましたので、住専出身職員、出向者の人たちとともに回収に取り組みました〉

※6『20周年記念　寄稿集』７ページ
〈正直に言って、これほど長い間当社に関与することになろうとは当時夢にも思っていませんでした〉とも書いている。

※7『住友銀行百年史』６２４ページ

※8『検証　住専』（清水直、明石周夫、三戸博成共著　'96年研修社）１７０ページ

〈住専処理機構は設立の当初から、本来、責任をとる体制ではない。より多くの回収ができれば、「ご苦労さん」と言ってもらえるだけで、逆に「これだけしか回収できませんでした」と言えば、「しょうがないね」と言われるだけ。

自分のふところを痛めて貸し付けた債権なら、ワキ目もふらずに債権の取立を夜討ち朝駆けをしてでもやるだろう。しかし、他人の貸し付けた債権を譲り受けてその取立をするということは、もはや自分のふところの問題ではなく、単なる取立事務に過ぎなくなってしまっている。だから、熱が入らないのである。住専の債権は、住専そのもの、または、住専の管財人が取り立てるというのでなければ、それは、いともクールに事務処理されるだけに終り、取立回収についての義務もなければ、使命感もない。住専の営業貸付金は益々回収が困難になるのは明白である〉

※9『整理回収機構10年のあゆみ』18～19ページなど

※10『20周年記念　寄稿集』30ページには〈府警の方々が咄嗟におばちゃんを制止したところ、暴れだしたので女性警察官を含め10名ほどでおばちゃんを取り押さえにかかりましたが、男性顔負けの抵抗をつづけたため、ついに、『○時○分、公務執行妨害で逮捕』連行されていきました〉とも。

※11『野戦の指揮官・中坊公平』14ページ

第四章

※1　『中外日報』'86年6月27日付

※2　西山強制執行事件の法廷陳述

※3　2016年2月19日、食道がんで死去（享年72）

※4　『大杉栄全集』（大杉栄全集刊行会）第二巻「むだ花」

※5　1998年10月1日付、該当部分は第六項

※6　『産経新聞』2006年9月22日付、大阪版社会面

〈大阪府警　元大物金融業者を逮捕　競売入札妨害の疑い　RCCに債務、資産隠し図る

競売にかけられた自分のマンションを知人に落札させ所有権が移転したように偽って財産を隠そうとしたなどとして、大阪府警捜査4課と吹田署などは21日、競売入札妨害などの疑いで、大阪市天王寺区生玉町、金融・不動産関連グループ会社元代表、和田忠浩容疑者（75）ら4人を逮捕した。和田容疑者は大阪・ミナミを拠点に金融や不動産会社を多数経営していた元大物金融業者。和田容疑者とグループの中核会社はすでに破産。債権譲渡された整理回収機構（RCC）には約260億円の債務があるといい、府警は資産隠しなどの余罪があるとみて追及する。（中略）

和田容疑者はバブル期を全盛に金融、不動産業を手がけ、当時暴力団や関係者に多額の融資をしていたとされる。府警は、こうした融資が暴力団の経済活動を助長し、結果的に回収困難な不良債権を生み出す一因になったとみて、実態解明を進める〉

※7　大阪高裁判決など

※8、※9　2005年3月31日、川辺物産グループに対する大阪高裁判決より

※10　筆者側の取材に対する代理人の回答

第五章

※1『中坊公平の闘い』(藤井良広著、'01年日経ビジネス人文庫)

※2　中坊氏の意気込みにもかかわらず、実際には二次損失は発生した。

住宅金融債権管理機構(住管機構)が、旧住専7社から引き継いだ6兆7800億円のうち、一般行の債権放棄などを差し引いた最終的な債権額は、6兆1129億円だった。

そこから現預金、営業用資産を除き、4兆8909億円を回収の対象とした。これを15年間で処理完了する計画だったが、15年後の'11年12月末の最終的な回収額は3兆3167億円、残存債権は1725億円。差し引き1兆4017億円が二次損失として確定した(金融庁発表による)。

住専法により、政府と民間金融機関で7009億円ずつを負担すると規定されていたが、政府は新たな国民負担の発生を避けるため、新金融安定化基金の運用益や、整理回収機構の別勘定からの付け替えなどで穴埋めした。

※3『毎日新聞』1999年7月28日付朝刊

※4 月刊誌『SEIKAI』(政界出版社)が、'91年9月、阪和銀行・福田秀男頭取の長男の福田文七郎常務の私生活上のスキャンダルを暴露する記事を掲載。銀行側は同誌を名誉毀損で訴えた。

※5 整理回収機構の内部文書など

※6『交渉の達人 トランプ——若きアメリカ不動産王の構想と決断』(ジェローム・トッチリー著、'88年ダイヤモンド社)279ページ

第六章

※1『データマップ日本 日本経済再生への処方箋』(NHK出版編、'02年日本放送出版協会)151〜157ページ

※2 2007年2月9日付 朝日新聞夕刊『ニッポン人脈記』

※3『朝日新聞』1999年10月27日付夕刊
〈末野興産元社長　懲役四年　「利益独占、責任重い」　大阪地裁判決
旧住宅金融専門会社（住専）の大口借り手で、一兆円を超える負債を抱えて倒産した不動産会社「末野興産（現・マッセ）」＝大阪市＝のグループ企業による巨額の資産隠し事件で、公正証書原本不実記載や強制執行妨害、所得税法違反など七つの罪に問われた元同社社長の末野謙一被告（五六）と、共犯とされた同社元幹部ら三人、系列企業一社に対する判決公判が二十七日午前、大阪地裁で開かれた。上垣猛裁判長は「末野元社長は一連の犯行で得た巨額の利益をほぼ独占しており、刑事責任はひときわ重い」などとして、末野元社長に懲役四年罰金三千五百万円（求刑懲役七年罰金五千万円）を言い渡した。元幹部三人には執行猶予のついた有罪判決、系列企業には罰金刑をそれぞれ言い渡した〉

第七章
※1『日経新聞』2018年9月20日付「交遊抄　平田憲一郎」より
※2　米通貨監督庁がバンク・オブ・アメリカ調査で発見した、西山関連企業の資金フロー図（左ページ参照）。
※3　西山刑事事件の法廷より

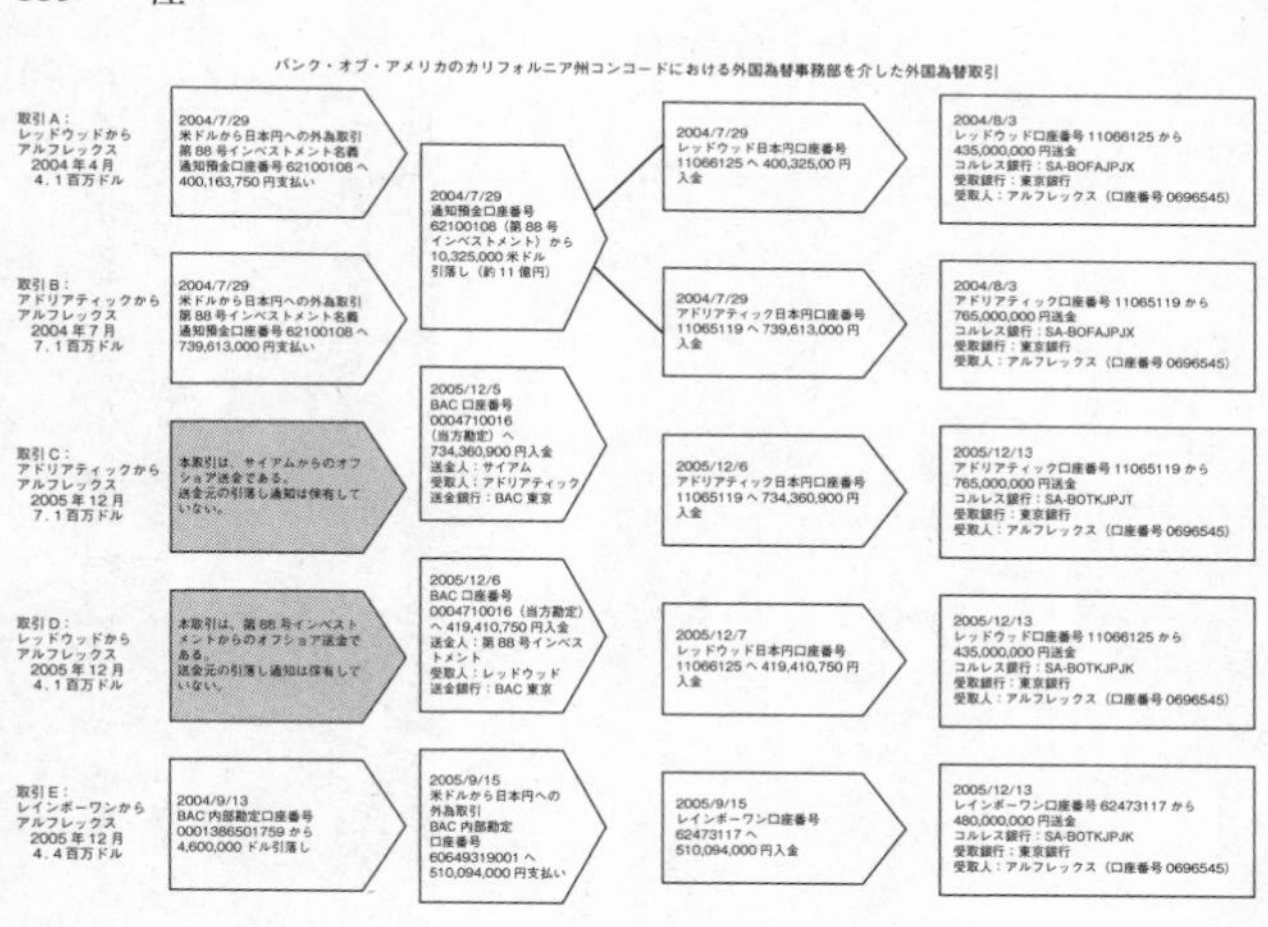

※4　整理回収機構　第一回外部有識者会議議事要旨　'05年9月7日、整理回収機構日本橋本部

〈委員からの発言

○金融危機、日本経済の再生の中で難しい時期に、国民の目に見えないところで非常に多くの困難を克服してやってこられたこと、非常に地味だけれども堅実な活動を行なってこられたことに対して、敬意を払いたい。（中略）

○整理回収機構ができた頃、住管ができた時の情勢と、今、不良債権問題が一応片付いて、経済も平時モードと言われており、変わってきている。これから、どういう役割を担っていくのか、どういう方向を目指していくのか、目指す方向が非常に難しい局面に立っていると感じている。（中略）

○整理回収機構の一般的なイメージとして「取立屋」みたいな感じの悪いイメージが世の中で先行しているけれども、「人間性の尊重」という様なことも含めて、再生を頭に置きながらやっているということが世の中に分かってもらってもいい〉

第八章

※1　西山の息子は刑事事件の法廷で、裁判長から「逆転ホームラン」の意味について尋ねられ、「和解するという話をちらっと聞きましたので、そうなればうまいことといくかもしれないなという意味です」と答えている。

※2　回収機構の弁護士は香港の弁護団から「マレーヴァ命令を発令してもらうには、まず日本の法廷で、『日本国外の財産も処分を禁ずる』という風に保全命令を書いてもらわなければなりませんよ」と助言されたという。

あとがき

これは、「トッカイ（特別回収部）」と呼ばれた社員たちの、いまにつづく攻防の記録である。

彼らは経営破綻した住宅金融専門会社（住専）や銀行からさまざまな理由で選ばれ、バブル崩壊後に焦げ付いた百億円以上の大口で、しかも悪質、反社会的な債務者を担当した。つまり、「借金王」とも「怪商」とも呼ばれた面々の資産隠しを暴き、ヤクザなどから取り立てることを仕事にした。はじめは、東西の住宅金融債権管理機構に百五十人ずつが配置され、整理回収機構に生まれ変わると、弁護士とともに日本中の問題債権を抱え込んでいる。

それは百八十もの金融機関が次々に破綻した時代のことである。二千人を超す人々が、崩壊した住宅金融専門会社（住専）の処理や、破綻銀行、信組、信金の不良債権回収に駆り出されていた。その中心の泥沼にトッカイは在った。

彼らを率いた中坊公平・元日本弁護士連合会会長は、〈私はこの三年間、しばしば過激な姿勢で債務者や住専破綻の責任者と対決し、社員たちには激励、号令、罵詈雑言を浴びせ続けて債権回収にあたってきた（『罪なくして罰せず』朝日新聞社）〉と書き、「借りたカネは返せ。当社は死ぬまで追い求める」と訴えていた。中でも、激励、号令、罵詈雑言を猛烈に浴びた社員がトッカイである。

私は三年半前、友人の一言に引っかかるものを感じて取材をはじめた。友人は「ジューセンを覚えているか」と言い出し、「まだやっている人がいるらしいよ」と付け加えた。

私はびっくりした。整理回収機構は、前身の住管機構から数えると間もなく二十年という節目を迎えようとしていたが、いまだに悪質債務者から取り立てている者がいるとは思いもよらなかった。

それから九ヵ月後、私は偶然、シンガポールの英字紙『The Straits Times』の記事を読んだ。彼の地のプライベートバンカーが教えてくれたのである。

記事は、二〇一六年十月十三日付けもので、〈Japan govt agency seeks $570m from man who hid assets here（日本政府機関　男が隠した五億七千万ドルを捜索）〉という大きな見出しである。その見出しの後に、マサヒコ・ニシヤマという人物がシンガポールのプライベートバンクに巨額の資金を隠しており、それを整理回収機構とおぼしき組織が回収しつつある、ということを報じていた。

邦字紙はどこも伝えなかったが、私はそれを読んで、「死ぬまで追い求める」という意味と、友人の言った「まだやっている」という噂の実体はこういうことだったのか、とようやく気がついた。

大阪トッカイや預金保険機構の面々は、ハワイから西インド諸島・バハマやケイマン諸島、香港、シンガポール、カナダにまで捜索範囲を広げ、やがて執拗な弁護士らに引き継がれて、住専マネーがプライベートバンカーの手で、タックスヘイブンに隠匿されていることを解明している。彼らの力戦、粘り強い仕事は称賛と記録に値する、と私は思う。

ただ、私がトッカイの人々を描きたいと強く願ったのは、整理回収機構の元役員から次のような話を聞いたときだった。彼らの不良債権回収は将棋に似ている、というのである。

住管機構や整理回収機構は、つぶれた住専や銀行などの社員を雇って、貸し手を攻めた。取り立てに回る社員は、奪られた将棋の駒であり、不良債権回収とは、つまり、〝奪り駒〟を回収の盤上に打ち込んで、相手を負かすことだというのである。

トッカイにいた者の多くは、バブル崩壊の嵐をまともに受け、うまく体をかわすことをしなかったか、できなかった人々だ。勤めていた住専や金融機関がつぶれ、そこから大蔵官僚と政治家がしつらえた取り立ての盤上に、将棋の駒のように打ち込まれている。彼らも〝王将〟の中坊氏も、官や政に使われたという見方もできるだろう。「大きな波に飲み込まれて、とても離脱が許されなかった」という大阪トッカイ班長の弁や、「この会社（住管機構）がなくなればどうなるか、展望はないが、仕事は嫌いではないし、いまは将来のことは考えていない」という東京トッカイ調査役の言葉が、大混乱の現場に投げ込まれた心境をよく表しているのではないか。

「義務も使命感もない、そんな彼らの仕事に熱が入るわけがない」という批判と冷めた空気がそのころは満ちていた。そのなかで、彼らが不安を抱きながらどう生きたか、どこへ去っていったのか、追ってみたいと私は思った。

確かなことは、住管機構と整理回収機構は、あの二十年間に十兆円を超す債権を回収したが、それはこうした〝奪り駒〟の、打算のない仕事によって積み重ねられた非情な数字だということである。

今回も、関係者のところに通って延々と聞く、「津軽の馬鹿塗り」のようなやりかたで会話の再現を試みたが、人生で最も不快な体験や家族との暮らしについて、真摯にお答えいただいた方々にこの場を借りて深く御礼を申し上げたい。

刊行にあたっては、週刊現代の連載に大幅に加筆し、本文と注では敬称を省略させていただいたうえで、原則として実名を掲載した。その過程で、整理回収機構の元取締役事業部長・石川裕二氏（横浜銀行出身）や、豊和銀行元常務の妹尾敬治氏（兵庫銀行から回収機構）、東京特別回収部班長だった太田定次氏（北海道拓殖銀行出身）、ジャーナリストの加藤慶氏、元読売新聞記者の福原幸治氏ら数多くの方々にお力添えをいただいている。

三年半にわたって自由な取材を許してくれた週刊現代の鈴木崇之編集長、講談社第一事業局企画部の浅川継人氏、同戦略部の長尾洋一郎氏に、ここであらためて謝意を表したいと思う。

二〇一九年三月

清武英利

文庫版のための追補
「トッカイ」とは何だったのか——大蔵省元銀行局長の証言

「公的資金を投入したというニュースが流れて、みんな、『えー』と声を上げましたよ。『なんだ！　俺たちの努力はこれで水の泡だ』『俺たちは二年間、必死になって策を尽くし、周囲を説得したのに、あれはなんのためだったのか』と。涙が出ました」

寺村信行（てらむらのぶゆき）は、都立日比谷高校から東京大学法学部、そして霞が関に君臨した旧大蔵省（その後、財務省と金融庁に分離）に進み、その本流を歩いたエリートである。大臣官房秘書課長、主計局次長の後、一九九四年六月末までの二年間、銀行局長を務め、二十七代目の国税庁長官に就いた。絵に描いたような官僚人生だったのである。

ほとんど知られていないが、彼は金融行政の失敗と官僚たちの混乱を示す逸話を残している。金融行政を引き継いだ後任の銀行局長や官房長のところに怒鳴り込み、住専処理と税金の投入を巡って、「君たちのやったことは大蔵省最大の汚点だ」と罵っていた。

前任者が後任者の執務室に押しかけて叱責することなど、前代未聞のことである。彼の指摘はしかし、狷介(けんかい)な彼の性格を示す話として扱われたようで、後輩や経済記者たちには黙殺された。

一方でそれは、この『トッカイ』の物語の前章にあたる重要なエピソードにほかならない。第二章の「奪り駒たち」のなかで触れたが、寺村の言う大蔵省の失政や政治介入のために、住専社員やその母体の銀行員たちは過酷な回収に駆り出されている。そのときに監督官庁と官僚たちの間で何があり、銀行局長室でどんな会話が交わされたか——。

八十三歳になった寺村が二〇二〇年八月、その重い口を開いた。以下は、『トッカイ』文庫版の刊行にあたって、混迷の金融行政の中心にいた彼の、四半世紀ぶりの証言である。

政府の臨時閣議で住専処理策が決定されたのは、一九九五年十二月十九日のことだ。

寺村の証言によると、決定の夜、彼は銀行局の審議官を務めた高橋厚男や小山嘉昭と久しぶりに会って、食事をしていた。その席で彼らは住専処理の穴埋めとして六千八百五十億円の公的資金を投入する、というニュース（第二章注13参照）を聞いて仰天した。

三年前に決定した大蔵省方針を根底から覆す内容だったからである。悲憤のあまり、涙を流した寺村が言う。

「大蔵省には、『銀行が債務超過でない限り、公的資金なし』という原則がありました。九二年八月に公表した『金融行政の当面の運営方針』に、（直接的な表現ではないが）その趣旨を込め、銀行局の方針としました。当時から『公的資金を投入しろ』という話がボンボン出ており、銀行局長だった私たちは『それは適当でない』という反論を文書にして、それを宮澤喜一総理や蔵相に何回も上げていた。あるいは銀行協会や銀行首脳に何度も伝えていました」

寺村の言う大蔵省の「原則」とは、「銀行が債務超過ではなく、株式配当を継続している段階での公的資金投入は、それが住専の不良債権処理のためでも適切ではない。金融機関の自己責任原則で処理されるべきである」という方針のことである。

その方針を決定した理由は、「公的資金を導入するためには国民の同意が必要であり、国民の同意を得るためには、その目的が預金者の利益の保護にあることが明瞭でなければならない」からだ。銀行が債務超過で経営破綻が明らかだということを示さない限り、その前の公的資金の投入は、国民に銀行救済と受け取られ、銀行員がそれまで高給をとり、わが世の春を謳歌していたこともあって、国民の爆発的な怒りを買う。

昭和金融恐慌のときの取り付け騒ぎの教訓もあり、銀行がつぶれるようなことがはっきりしない場合、つまり銀行が債務超過になることが明らかでない場合に公的資金を投入すれば、かえって混乱を引き起こし、国民負担の増大を招くのみである

――寺村たちはそう考えていた。

「僕は翌日、面会の約束を取り付けないまま、西村（吉正）銀行局長のところに乗り込みました。そして『債務超過にならない限り公的資金を投入すべきでない、と言っておいたけど、どうしてこういうことになったのか』と聞きました。彼も引き継ぎのときには、『当然です。公的資金は投入すべきでないと私も思います』と言い、『銀行局としては、この方針通り主張します』と言っていたんだ。

『なんてことをしてくれたんだ』と言うと、彼は『銀行局はその方針を貫いたんですが、官房側が関与してきた。官房と主計局が決定したことで、自分はよく承知していません』と答える。そんなことがよくツラッと言えるな、とんでもないなと思いました。もう頭にきたんですよ」

――それで？

「西村局長は、こうも言っていました。『本音を言いますと、これでホッとしまし

た』と。

もう話にならないと思って、その足で四階（の銀行局）から二階の官房長室に駆け込みました。涌井洋治官房長に『どうしてこういうことになったんだ』と問い質しましたよ。すると、官房長は『いや、予算編成の期限が迫っているのに、銀行局長が当事者能力をなくしちゃったから、官房が介入しました』と言うんだ」

――九五年九月末時点で、住専の母体である大手二十一行の株式含み益は十二兆八千億円以上もあり、債務超過の段階には遠かった。

「これでは国民の納得は得られないと思いました。金融行政が与える影響を、涌井官房長も篠沢恭助事務次官もわかってなかった。昭和の金融恐慌の前例もあり、うっかり介入したらやばいということも。官房は銀行局より格上ですが、金融の知識も状況もわからない官房が横やりを入れるべきではない。餅は餅屋、悪く言うと『局あって省なし』と言われたのが大蔵省です。金融のことは主計局や官房はわからない。手法も知識の量も違い、複雑なことをやっているわけだから、その省にあたるところ（局）の結論を尊重しないといけない。

西村局長はそれでもダメだ、ともっと頑張らないといけなかった。僕だったら、『冗談じゃない、お前ら責任とれるのか』と幹部を難詰したと思う。完全に判断ミスですよ」

西村たちに懇願されて住宅金融債権管理機構の社長に就いた中坊公平も著書『罪なくして罰せず』（朝日新聞社）にこう書いている。

〈住専問題とはしょせんは旧住専七社の倒産であり、その後始末をどうするか、である。旧住専七社の倒産に責を負うべきは、七社の経営者、七社を設立し経営者を送り出していた金融機関、さらにこれを指導・監督してきた大蔵省であって、一般の国民は旧住専の倒産にはまったく関係がない。にもかかわらず、損失を国民一般の税金であがなったため、まさに「罪なくして罰せられる」ことになり、これ以上の負担をかけないことを優先の公約として、私の仕事はスタートした〉

——国民の猛反発を受けましたね。旧住専や母体行はいうまでもなく民間会社です。その損失を国民の税金で補塡したと。

「世間の批判に大蔵省は茫然としました。住専国会で『何のために公的資金投入をやるか』と問われ、西村局長は立ち往生してしまっています。国会は紛糾し、無茶苦茶なことになった。それで大蔵大臣が国会で、『二度と公的資金を投入しません』とアホなことを言った」

——大蔵省の失敗のために国民が被った被害について、どうお考えですか。

「もっとも肝心なとき、つまり、九八年に本当に金融機関（日本長期信用銀行など）が破綻したとき、今度はなかなか公的資金を投入できなかった。投入の原則と時期を誤ったからです」

これに対し、西村は、住専問題はもともと銀行や農林系金融機関との損失の配分であり、際限のない押し付け合いで先延ばしをすれば損失は拡大し、処理のコストが増大する、と考えていた。著書『金融行政の敗因』（文春新書）のなかでも、〈従来のような住専の再建方式は断念して、公的資金の投入を含む抜本的な処理方策を決断した〉——と主張している。そうして〝ルビコン川〟を渡り、世間は公的資金投入による早期解決で〈押し切れると思ったが、甘かった〉とも。

また、九四年九月に住友銀行名古屋支店長射殺事件が起き、〈これでは金融界の伝統的な手法により、不良債権問題を時間をかけてソフトランディングさせようとしても、その間に闇の中にカネが吸い込まれてしまうのではないか〉という恐れがあったと記している。

——西村局長は苦渋の決断だったと言われていました。

「あれで良かったと思っているようだが、そうじゃない。（銀行と農林系の）損失分担について、銀行がうんと言わなかったんですよ。農協がそれを出せないというのは分かっている。だったら銀行に金を出させなきゃいけないんだけど、その交渉力がなかった」

——銀行を抑えきれなかった？

「銀行はそのとき、配当もし、高い給料を払ってボーナスだって出しているんですよ。だから体力はあった。じきになくなりますけど。だけどそこまで銀行を追い込まなきゃいけなかった。金融機関が（損失を）分担しなければならないんだけど、分担のルールでもめた。一番うまく逃げたのは都銀ですよ。放り投げられた農林系は騙されたと怒るわけですよ。

逃げるなよ、と言って摑もうとしたが、そのとき銀行局は完全に指導力をなくしてしまっていた。店舗行政を自由化してしまったからです。銀行局の指導力の源泉というのは店舗行政なんですよ。ところが規制緩和で店舗を自由化したから、銀行局の言うことなんて聞かなくてもよくなっていた」

――「奪り駒使い」とも言われたが、西村局長が立案した回収スキームはどう評価されますか。

「住専の社員を集めて回収に当たらせるという方針は極めて合理的だと思う。専門家ですから、本当にうまい方法だと思います。ただ『二次ロスは起こさない』なんていう馬鹿な方針を立てたので、現場の人たちは本当に気の毒だった。

住管機構の人たちがずっと回収を続けなければいけなかったのは、どんどん地価が下がり、それでどんどんロスが増えるからなんです。中坊さんは『二次ロスは出さない』と言ったけれども、地価が下がらなければあれで良かったんです。だけど地価が下がり続ける限りはそのスキームは破綻し、二次ロスが起きるに決まってるじゃないですか」

さて、失政の末に、中坊と命運を共にした「トッカイ」たちの姿は、二人の官僚にはどう映っていたのだろうか。

寺村は「中坊さんは大変な気概と情熱を持ってやられていた。けれども、ある意味ではピエロですよ。だからお気の毒です。そんなスキームを作った政府に責任がある」と言う。

一方の西村は早稲田大学アジア太平洋研究センター教授などを務めた後、二〇一九年に亡くなった。前掲の『金融行政の敗因』にこう記き残している。

〈私には中坊さんのような人が希少価値となってしまった今の世の中が残念である。変人・奇人どころか、本来はこういう人が政治家や公務員の中に数多くいなければ世の中は成り立たない。国民が中坊さんに共感するのは、われわれが忘れかけていた、損得を抜きにして世のため人のために働くというパブリックな生き方を思い出させてくれたからである。中坊さんの行動を見ながら、公の仕事をしてきた人間の一人として、畳に投げ飛ばされた思いであった〉

寺村はシニカルに、西村は温かな表現で、それぞれ言葉は異なるものの、住専処理を現場で背負った中坊とその部下たちに向けて敬意を表している。彼らなしに、日本の不良債権回収と住専処理への理解はありえなかったからだ。

寺村は森友学園問題で、財務省が都合の悪い公文書を改竄したことが発覚した後、後輩たちに尋ねた。巨大官庁の組織がここまで脆弱化したのかと驚いたのである。

「どうしてこんなことになったんだ」

すると、若い後輩から、「こんなことになったのは、あなたにも責任の一端があるんですよ」と指摘されたという。寺村は冒頭に記したように、大蔵本流の官僚人生を全うしている。

「あなたにそんなことを言う資格があるのか。こんな行政になったのは、あなたにも責任があるんじゃないですか」

そう言われて、寺村は思わず言葉をのんだという。そのとき、彼は中坊たちにあって、官僚が失ったものを突き付けられたのではないか。

二〇二〇年九月

清武英利

この作品は、二〇一九年四月に小社より刊行された『トッカイ
バブルの怪人を追いつめた男たち』を改題したものです。

|著者| 清武英利　1950年宮崎県生まれ。立命館大学経済学部卒業後、'75年に読売新聞社入社。青森支局を振り出しに、社会部記者として、警視庁、国税庁などを担当。中部本社（現中部支社）社会部長、東京本社編集委員、運動部長を経て、2004年８月より読売巨人軍球団代表兼編成本部長。'11年11月、専務取締役球団代表兼GM・編成本部長・オーナー代行を解任され、係争に。現在はノンフィクション作家として活動。著書『しんがり　山一證券　最後の12人』（講談社文庫所収）で'14年度講談社ノンフィクション賞、『石つぶて　警視庁　二課刑事の残したもの』（講談社文庫所収）で'18年度大宅壮一ノンフィクション賞読者賞を受賞。主な著書に『プライベートバンカー　完結版　節税攻防都市』『奪われざるもの　SONY「リストラ部屋」で見た夢』（以上、講談社＋α文庫）、『サラリーマン球団社長』（文藝春秋）など。

トッカイ　不良債権特別回収部（ふりょうさいけんとくべつかいしゅうぶ）
清武英利（きよたけひでとし）

定価はカバーに
表示してあります

2020年12月15日第１刷発行

発行者――渡瀬昌彦
発行所――株式会社　講談社
東京都文京区音羽2-12-21　〒112-8001
電話　出版（03）5395-3522
　　　販売（03）5395-5817
　　　業務（03）5395-3615

Printed in Japan

デザイン―菊地信義
本文データ制作―凸版印刷株式会社
印刷―――凸版印刷株式会社
製本―――株式会社国宝社

ISBN978-4-06-521956-0

講談社文庫刊行の辞

二十一世紀の到来を目睫に望みながら、われわれはいま、人類史上かつて例を見ない巨大な転換期をむかえようとしている。

世界も、日本も、激動の予兆に対する期待とおののきを内に蔵して、未知の時代に歩み入ろうとしている。このときにあたり、創業の人野間清治の「ナショナル・エデュケイター」への志を現代に甦らせようと意図して、われわれはここに古今の文芸作品はいうまでもなく、ひろく人文・社会・自然の諸科学から東西の名著を網羅する、新しい綜合文庫の発刊を決意した。

激動の転換期はまた断絶の時代である。われわれは戦後二十五年間の出版文化のありかたへの深い反省をこめて、この断絶の時代にあえて人間的な持続を求めようとする。いたずらに浮薄な商業主義のあだ花を追い求めることなく、長期にわたって良書に生命をあたえようとつとめるところにしか、今後の出版文化の真の繁栄はあり得ないと信じるからである。

同時にわれわれはこの綜合文庫の刊行を通じて、人文・社会・自然の諸科学が、結局人間の学にほかならないことを立証しようと願っている。かつて知識とは、「汝自身を知る」ことにつきていた。現代社会の瑣末な情報の氾濫のなかから、力強い知識の源泉を掘り起し、技術文明のただなかに、生きた人間の姿を復活させること。それこそわれわれの切なる希求である。

われわれは権威に盲従せず、俗流に媚びることなく、渾然一体となって日本の「草の根」をかたちづくる若く新しい世代の人々に、心をこめてこの新しい綜合文庫をおくり届けたい。それは知識の泉であるとともに感受性のふるさとであり、もっとも有機的に組織され、社会に開かれた万人のための大学をめざしている。大方の支援と協力を衷心より切望してやまない。

一九七一年七月

野間省一